JN304015

近代化のフィールドワーク
断片化する世界で等身大に生きる

作道信介 編

東信堂

近代化のフィールドワーク──断片化する世界で等身大に生きる／目次

序──近代化のフィールドワーク ……………………………… 作道信介…3
  1. 近代化──「近代になる・近代にすること」………………… 3
  2. 多元的近代 ………………………………………………… 3
  3. 世界システム ……………………………………………… 4
  4. 意識構造の近代化 ………………………………………… 5
  5. 高度近代 …………………………………………………… 5
  6. 外部描写と内部観察 ……………………………………… 8
  7. フィールドワーク ………………………………………… 8
  8. 当たり前を対象化する …………………………………… 10
  9. 「内なる異人」が自明性を読み解く …………………… 11
  10. 近代化の「複雑な表情」………………………………… 14
  本書の読み方 ………………………………………………… 15
    参考文献 (16)

Ⅰ　アフリカ──牧畜民、焼畑農耕民、狩猟採集民の世界へ …………17

1章　アフリカの片田舎で近代について考える …………曽我　亨…18
    要約 (18)
  はじめに──日本人は万能選手？ ………………………… 19
  1. 生き生きと理解する ……………………………………… 20
  2. 近代と前近代を対置する ………………………………… 22
  3. 近代世界システムの中核と周辺 ………………………… 24
  4. 周辺地域の近代化 ………………………………………… 27
  5. 創られた民族 ……………………………………………… 28
  6. 伝統的な装い ……………………………………………… 29
  7. 創られた家父長制 ………………………………………… 31
  8. 複雑な近代の表情 ………………………………………… 32
  おわりに ……………………………………………………… 34

参考文献 (34)
キーワード［近代的精神、周辺の近代化］(35)
Q&A (35)

2章　アフリカの焼畑農耕民社会と近代化政策 …………杉山祐子…36

要約 (36)

はじめに——肉もとれる畑……………………………………………37

1. 近代化政策とアフリカの在来農業の位置づけ
——西欧近代モデルから在来農業の再評価へ………………38
2. アフリカの焼畑農耕民に見る環境利用システム ……………41
   1 ベンバのチテメネ・システム (41)
   2 ミオンボ林の自然更新を促し、多様な環境を作りだすシステム (45)
   3 多様な自然環境を利用するジェネラリストとしての環境利用 (47)
3. 少しずつ働いてみんなで食べる社会 ……………………………49
   1 過小生産——短い労働時間と使用価値の文化 (49)
   2 焼畑農耕民社会における平準化機構 (51)

おわりに——近代化政策との折り合い…………………………53

参考文献 (56)
キーワード［内発的発展論、過小生産、平準化機構］(57)
Q&A (58)

3章　狩猟採集民と焼畑農耕民
——アカはなぜ畑を作ろうとしないのか …………………丹野　正…59

要約 (59)

はじめに——アフリカの森の人々……………………………60

1. 「村の人」と「森の人」……………………………………62
2. 「村のキャンプ」での日常生活 …………………………64
3. 畑の作物をめぐるアカと村びとのトラブル ……………67
4. なぜ自分たちの畑を作ろうとしないのか ………………69
5. 村びとの世界への近代化の波 ……………………………70

おわりに——定住の拒否：移動の自由……………………71

参考文献 (74)
キーワード［「森の人」対「村の人」、共生関係、交換］(74)
Q&A (75)

Ⅱ　ハイモダニティ──アトピー、恋愛、ホームレス …………………77

4章　医療化と脱医療化 …………………………… **作道信介**…78
　要約 (78)
　はじめに …………………………………………………79
　1．重なり合う現実 …………………………………79
　　1　実　態 (79)
　　2　多元的現実 (80)
　　3　沖縄の二重治療システム (82)
　2．ワイドショーと健康グッズ ………………………… 84
　　1　医療化 (84)
　　2　脱医療化 (85)
　3．病いの語り ……………………………………… 86
　　1　日本の「アトピー現象」(87)
　　2　アトピーの子どもをもつ母親の語り (91)
　　3　解　説 (93)
　　4　エンパワーメントとリスク (94)
　4．語りの力 ………………………………………… 95
　おわりに──身体と向き合う自己へ ………………… 96
　　参考文献 (98)
　　キーワード［多元的現実、医療化・脱医療化］(99)
　　Q＆A (100)

5章　恋愛と結婚の現代的様相 ………………… **羽渕一代**…101
　要約 (101)
　はじめに ………………………………………………… 102
　1．恋愛結婚 ………………………………………… 103
　2．恋愛経験の増加 ………………………………… 105
　3．重要な他者 (significant other) の機能変化 …………106
　4．恋愛交際は電子上 ……………………………… 109
　5．個人化と恋愛 …………………………………… 112
　6．恋愛という社会問題 …………………………… 115
　おわりに──結婚形式の画一化 ………………………117

参考文献 (119)
　キーワード [重要な他者、個人化] (121)
　Q&A (122)

6章　都市と路上で生きる人々 …………………………山口恵子…123
　要約 (123)
　はじめに——ホームレス？……………………………………124
　1. 都市のインフォーマルセクターで稼ぐということ…………125
　　1　路上で生活する人々の仕事 (125)
　　2　都市におけるアルミ缶のリサイクルシステム (126)
　　3　いっちゃんのアルミ缶集めの一日 (127)
　　4　都市に埋めこまれた仕事 (129)
　　5　路上生活への「適応」と「自立」(132)
　2. ホームレス対策と「自立」支援 ………………………………133
　　1　福祉国家の進展と貧困政策 (133)
　　2　日本におけるホームレス対策と「自立」支援 (135)
　　3　マイノリティへの「自立」の促進 (136)
　3. 都市における空間管理の進行 …………………………………137
　　1　空間管理の進行 (137)
　　2　排除型社会の足音？ (139)
　おわりに …………………………………………………………140
　　参考文献 (141)
　　キーワード [ホームレス、排除] (141)
　　Q&A (142)

Ⅲ　日本の近代化　　　　　　　　　　　　　　143

7章　地方青少年にとっての学歴と社会移動…………髙瀬雅弘…144
　　要約 (144)
　はじめに ……………………………………………………………145
　1. 学歴社会とは ……………………………………………………146
　2. 学歴社会の成立 …………………………………………………147
　3. 学歴取得と社会階層 ……………………………………………149
　4. 資料から人生を再構成する ……………………………………151
　5. 地方から見た学歴社会 …………………………………………152

1　士族と平民——族籍の影響力 (156)
　　2　長男と二三男——兄弟順位による学歴の意味の違い (160)
　おわりに——学歴社会への問い……………………………………164
　　参考文献 (166)
　　キーワード [学歴社会、属性主義と業績主義、再生産、ライフコース] (167)
　　Q&A (168)

8章　日本の近代化と地域社会 ………………………山下祐介…169
　要約 (169)
　はじめに ………………………………………………………………170
　1.　近代化の社会理論 ………………………………………………170
　　1　西欧発の近代化 (170)
　　2　近代化とは？ (171)
　　3　近代化の社会学 (172)
　　4　近代化の理論でわかっていること (174)
　2.　日本の近代化と地域社会 ………………………………………176
　　1　日本の近代化の特徴 (176)
　　2　上からの近代化 (177)
　　3　自治の単位としての村や町 (179)
　3.　戦後の地域社会の変容 …………………………………………180
　　1　人口から見る戦後日本社会の変容 (180)
　　2　1950年代までの地域社会の拡大 (183)
　　3　変貌する戦後の地域社会 (184)
　おわりに ………………………………………………………………187
　　参考文献 (189)
　　キーワード [家・村・町、集落の限界と消滅] (189)
　　Q&A (190)

【コラム】計量調査で人を知る、社会を知る ………石黒　格…191
　はじめに ………………………………………………………………191
　1.　計量調査とはどのような方法なのか …………………………191
　2.　具体例——人々の性役割への態度を知る ……………………192
　3.　計量調査で捉えられる「社会」………………………………194
　4.　計量調査で捉えられる「人」…………………………………195

5. 計量分析で垣間見る「私たち」は近代的か？ …………………196
6. 近代的人間観のなかでの対等性………………………………196
7. 男女は対等か……………………………………………………197
8. 女性の政治的洗練性が無視される……………………………198
9. 理念としての近代性と現実とのギャップ……………………199
おわりに―近代化のなかで………………………………………200

著者紹介……………………………………………………………203
索　　引……………………………………………………………206

装幀　佐藤光輝

近代化のフィールドワーク
――断片化する世界で等身大に生きる(ハイモダニティ)

序──近代化のフィールドワーク

作道　信介

1. 近代化──「近代になる・近代にすること」

　近代化 (modernization) とは言葉の意味としては「近代になる・近代にすること」である。社会や人々が、近代 (modernity) という時代の特徴を反映した存在になることを意味している。

　近代化は16、7世紀以降、西欧で生じた大規模で持続的な社会変動である。それは本書でも山下が8章でふれたように、宗教改革、国民国家の誕生、市民革命、産業革命 (18世紀末) と続く、大きな社会の変化とされている。近代化は工業化や資本主義の成立 (市場経済、現金経済)、社会の仕組み (社会構造、制度) の変化にとどまらず、科学的合理主義や民主主義といった社会思想の成立、それらを内面化した自律的な個人の誕生を指している。つまり、近代化は社会の制度や構造といった仕組みや成り立ちだけではなく、そのなかで生活する私たちの経験をも、ある特有なかたちにまとめあげる。この変動はたんに西欧だけに限定されるのではなく、世界的規模で影響を及ぼしてきた。

　近代化を考える4つの視点を紹介しよう。

2. 多元的近代

　日本の高度経済成長期、1970年、大阪で開催された日本万国博覧会の標語は「人類の進歩と調和」であった。近代化の史観は「進歩」「発展」「発達」といった価値と強く結びついている[1]。例えば、「発展途上国」はたんにGDPが低い経済的に豊かではない国のことではない。その言葉には、工業化が進まず (つまり、生産性の低い農業中心で所得が低く、都市部への出稼ぎや流出がとまらず、都市と農村の格差が拡大)、民主主義が根づかず (実質的に独裁的で一族支配、コネや

賄賂が幅をきかせ、官僚は利権をあさり、援助の使途が不透明)、社会構造や政体が"先進国"が到達した前段階にある社会を含意している。背後には西欧の一時期一地域で生じた変動を"震源地"にして、それが全世界的に広まったという起源論的な認識があることにも気づいておこう。

例えば、日本と中国の近代化—とくに産業化に着目したとしても—を西欧起源のものとして同列に論じることができるだろうか。近代化は西欧から東洋に伝播してきたのだろうか。これに対して、近代化論は多元的近代(multiple modernity)という概念を用意している。多様な地域性や歴史的背景のもと近代化は進行しており、それぞれの近代化は比較の視点から捉えられるべきと言うのである。ある社会AがBとくらべて、どれほど進んでいるか(遅れているか)ではなく、社会AとBのいわば"個性"を見ようとするのである。この場合、起源は問題ではなく「現にいまある近代化」が問われるのである。

3. 世界システム

起源や伝播、比較という考え方には近代化を国家という単位のもとに捉えるという共通点がある。日本と中国の近代化を比較する場合、暗黙のうちに、「日本」という国家、「中華人民共和国」という国家を前提としている。それに対して、社会学者・歴史家ウォーラースティン(川北 2001)は国家をこえた単位「世界システム」を分析単位にする立場をとっている。世界システムは、中核・周辺・半周辺の三要素による分業のシステムと位置づけられる。現在、日本は東南アジアから多くの養殖水産物を輸入している。日本市場の需要に対応してこれら水産物は製品化されるが、それが可能になるように現地の産業構造も"近代化"されていく。近代化は相手を自らの似姿にかえる働きが

---

1 思想史家トゥールミン(2001)は"進歩"史観が歴史的根拠の薄いものであることを指摘している。知的な領域における合理性の導入は—物理学者のガリレイと認識論のデカルトが代表としてあげられる—1550年以降続いた宗教戦争の最悪の段階に対する反作用だった。さらに17世紀は社会的・経済的に発展をとげた時期であるどころか、大変困難な時期であった。思想史的に見れば、どの時代も単純な思潮で(例えば、近代的科学主義の台頭といった)くくることはできず、当時の社会情勢や政治のなかで生じた反動や正当化の結果である。近代化自体への学問的関心も戦後に限ってみても、変遷を遂げている。つねに、史観はいまの状況から編纂される、つまり現代化される。

ある。世界システム論によれば、世界の各地域はすでに16世紀には近代世界システムのなかにあったとされる。つまり、近代化は、世界規模の社会変動として把握されるべきなのである。

4. 意識構造の近代化

近代化は経済指標といった数値データや教育制度の拡充といった、社会全体の変化を表す客観的な"ものさし"で示されることが多い。ちょうど外部から社会の絵を描くように、である。一方、近代化はあくまでも私たち個々人がそのなかにいて経験しているはずの変動である。社会学者バーガーら(1977)は近代化がもたらす私たちが日々経験する世界の変化を「意識構造の近代化」と呼んでいる。「意識構造の近代化」とは私たちが当たり前だと考えている（自明視された）世界が官僚制度や工業生産に似合ったかたちで編成されることを意味している。

家庭内に設置された予定を記入する小さなホワイトボードや、昼食をとりながら仕事の打ち合わせをするビジネスランチ（一部ではパワーランチ！とよばれる）は、工場の生産管理や営業会議など、オフィスで当然とされた意識構造が日常生活に伝播拡散してきたことを示している。これはすでに教育制度のなかで、私たちに植え付けられている。例えば、風紀係や給食当番といった係・当番制、一定時間着席しなければならない授業、そのなかでの板書の重要性、班学習、先生の都合で組まれる時間割、放課後・クラブ活動という区分、さらには一斉体操という身体的なしつけを考えてみればいい。私たちの意識構造は身体ごと、役所や企業で働くことができるように形成されている。この視点は外部からの見えというより、そのなかにいる人の経験の変容に着目している。

5. 高度近代

社会学者ギデンズ(1993)が描くのは、すでに私たちがそのなかにいる近代という時代の特徴である。彼は私たちの置かれた時代を「高度近代」(high modernity)と呼んだ。高度近代はそれまでの近代の特徴が徹底された状況を

指す。彼は近代化の過程について分析しているわけではないが、私たちは近代化(「近代になる/する」)が行き着く先を知ることができる。

　ギデンズによれば、高度近代の「制度的」特徴は3つにまとめられる。時空の分離、脱埋め込み、再帰性である。

　時空の分離は次のような感覚を当然のこととしている。私たちにとってスケジュール帳はごく普通につかう日常的道具である。その手帳の上で、私たちは待ち合わせや会議の時間を変更する。水曜日1時の第1会議室での会議は金曜日の4時の第4会議室にというように、さらに議題やメンバーの入れ替えも自在である。私たちはもともと設定してあった会議の時間と場所をばらばらにして、再設定するのを当然のように考えている。

　脱埋め込みの例は私たちが好きなダイエットや健康法である。例えば「入浴療法」「骨盤体操」「黒酢ダイエット」など、現在では様々なダイエットや健康法が提唱されている。これらの多くが日常生活で何気なく行われていた(だから、埋め込まれていた)所作や振る舞いを取りだし(だから、脱埋め込み、埋め込まれていたものを掘りだし)専門家の解説を付して健康法として提示したものである。この健康法はユーザーの生活に再埋め込みされるわけである。

　このように私たちが健康食品を買う要因のひとつに、専門家システムのお墨付きがある。専門家システムとは「私たちが今日暮らしている物質的社会的環境の広大な領域を体系づけている、科学技術上の成果や職業上の専門家知識の体系のことをいう」。これら専門家による知識産出のシステムをギデンズは抽象的システムと呼び、そこから産出し、産業界によって製品化され、また日常生活にマス・メディアによって流通する専門的知識を貨幣になぞらえている。それは、貨幣のような「いずれの場合でもそれを手にする個人や集団の特性にかかわりなく「流通」できる、相互交換の媒体(ギデンズ、p.36)」を意味する象徴的通標(トークン)である。専門家の知識はマス・メディアを通じて、「健康法」といったパッケージに梱包されて流通している。教育制度が行き渡った社会で成育した私たちはこれら流通した知識を学習する姿勢が備わっている。

　抽象的システム(専門家システム)の浸透は、それ以前にあったローカルなコントロールを弱めると同時に「みんなが素人の時代」状況を作りだす。専

門家はひどく限定された領域の専門家であるため、「だれでも素人」なのである。逆に言うと、私たちはある程度の専門知識と用語でもって自身の経験を説明することができる。再帰性はギデンズの言葉で言うと次のようになる。「モダニティの再帰性は、体系的な自己認識が絶えず生成されていくことと直接関係しているため、専門家の知識と一般の人々が行為の際に用いる知識との関係を固定化しない。専門的観察者の求める知識は（何らかに、また多様なかたちで）その認識対象と再び一体化し、それによって（原理的にも、また通常実際にも）その認識対象を変えていく」。

例としては、社会の「心理学化」がある。心理学が提供する知識が教育の浸透やマス・メディアによって私たちにとって身近なものになっていく。例えば、アダルトチルドレン、トラウマ、PTSD[2]といった言葉が思いだされよう。すると、これらの言葉を知った人は、その知識が専門家から見て正しいかどうかは別として、自らの問題状況をそのような言葉で表現し、そのような存在となるだろう。以前は、専門家は素人の知らない知識体系によって問題を説明していたのだが、今度は問題自体がすでに心理学的な問題として現れるようになったのである（野口 2005、pp. 82-86）。

このような心理学化はカウンセラーとクライエントの関係を変えていく。ナラティブ・セラピーではクライエントの問題を専門的知識から診断するやり方をとらない。セラピーの目的を対話によるクライエントの「物語の書き換え」に置く。クライエントは知識の再帰的な流通のなかドミナント（優勢な）・ストーリーに支配されている。カウンセラーはクライエントがその支配から脱して、自らのストーリーを話せるように支援する。専門家と素人の境をなくす抽象的システムの浸透は、素人にとって、専門家に独占されていた主導

---

[2] アダルトチルドレンとは狭義には「アルコール依存症」の家族のなかで子ども時代を送った大人たちであり、広義には「機能不全家族」に育った大人たちを指す。自己肯定感の脆弱性をもち、対人関係に微妙な問題を起こしやすく、独特の「生きづらさ」をもつ（『アダルトチルドレンと共依存』(緒方明 誠信書房 1996)。トラウマとは「心的外傷」ともいい、ある程度の時間が経過した後精神障害を引き起こす原因となる心の傷のこと（『ブルタニカ国際大百科事典 小項目版』(ブルタニカ・ジャパン 2007))。PTSD（心的外傷後ストレス障害）とは極度に外傷的なストレス因子への暴露（事故や災害、犯罪など）と、それに続く特徴的な症状の発現のことである（『メンタルヘルス事典』(上里一郎他 同朋舎メディアプラン 2005)。

権を取り戻し個人の力を増大させるエンパワーメントをうながす機会を与えてくれる。

　これらの特徴が「制度的」なのは、個人の努力を越えて、そのようにならざるをえない、それが当たり前である—社会人ならスケジュール帳をもたない、というわけにはいかない—状況を表している。

6. 外部描写と内部観察

　近代化を考える視点として、多元的近代、世界システム、意識構造の近代化、高度近代について説明してきた。本書の視点をはっきりさせるため、もう一度おさらいをしておこう。まず、多元的近代とは経済指標（例えば国内総生産(GDP)）や制度の充実（例えば義務教育の普及、識字率）を指標にした単線的な近代化から、それぞれの近代化の特徴を見る視点を提出した。世界システムは国家や特定地域の枠組みで近代化を捉えるのではなく、地球規模で生じた変動として見る必要性を言う。意識構造は、近代化が私たちの主観的な世界を変容させることへ着目するよう教えてくれた。また、私たちがそのなかにいる高度近代の状況を3つの制度的特徴から説明した。これらの視点は、いまそこにある近代化を捉えようとすること、その際、「外部からの社会の描写」だけではなく、「内部からの見え（経験）」に着目することが必要であることを物語っている。そのために、私たちは「フィールドワーク」という方法をとっている。

7. フィールドワーク

　「フィールドワークは、物事が起きるまさにその現場に身を置きそこで体験することを核にしながらも、同時に様々な技法を駆使して社会や文化あるいは人間存在という複雑な対象を丸ごと捉えようとするアプローチ」(佐藤2002, p.214)である。そして、その結果をエスノグラフィー（民族誌）という形式の書き物にまとめる。エスノグラフィーは、異郷を旅する探検家が記す"ルポルタージュ"と実験を報告する科学的レポートが混在する独得な表現様式である。

　フィールドワークには、フィールド（現場）に一定期間滞在する住み込み調

査や集団・個人に密着する追跡調査などの形態がある。用いられる方法も観察、インタビュー、質問紙（アンケート）、文書データなど多彩である。それはマルチ・メソッドとよばれる。そのなかでもフィールドワークの特徴を表しているのが参与観察である。参与観察とは、調査対象の個人や集団と一緒に生活したり行動したりすることで、相手（社会）の暗黙のルールや考え方、感情などを知る方法である。調査者はそれを意外なことだと思い、違和感を抱く。そのとき、相手の世界への気づきが起こる。つまり、そこには相手の仲間である自分と、その自分と相手のやりとりを観察する自分がいることになる。調査者は相手の世界の内部にいながら異人の目をもつ、「内なる異人」（佐藤 2006）となる。フィールドワーカーは、現場で起こる出来事や行為をフィールドノーツというメモに書き留める。それは自分を含めた現場にいる人々の間で「内なる異人」が察知した違和感や同感に基づいているのである。

　参与観察は自然科学で言う観察とはかなり異なる観察だということにお気づきだろう。観察では観察者は対象に影響を与えないように配慮することが求められる。観察者はいなくても、ビデオで撮影してもよい。一方、参与観察ではむしろ現場で相手との影響関係にいることが前提となる。もちろん、「現場に身を置」くと言っても、過去の出来事や容易に近づけない現場の場合は、文書資料やインタビューによるしかない。その場合でも、それらの資料を使い、調査者は自らの想像力と体験との比較によって現場に近づこうとしているのである。このような「身をもって理解する」身体的理解と「その場にいる」現場志向がフィールドワークの中核にある。

　学問領域によって、フィールドワークの焦点は異なる。人類学は現地の人々の生活を注視し、社会学は社会という全体性を求め、社会心理学は"心理"を志向する。また、調査方法においても、参与観察から歴史文書の分析まで、どの方法をとるかは実際上の制約や調査目的によって決定される。本書では、身体的理解と現場を志向する、自らの経験を賭け金とした、現象への接近法を広義のフィールドワークと位置づけている。

8. 当たり前を対象化する

　本書の執筆者はどのように近代化にアプローチしているだろうか。ほとんどの章が特定の事例や場面を提示して、そこにより広範な近代化の諸側面を見るという方法をとっている。例えば、第1章「アフリカの片田舎で近代について考える」(曽我亨)では、村人が壊れた時計やラジオを調査者である曽我にもちこんでくるところから始まっている。カメラで寄ってクローズアップしておいて、次により広い背景を引きで見せるという技法である。かれらは近代化の渦中にいる人々の側から描こうとしているのである。相手が当たり前だと思って行う行為や引き起こされた出来事のなかに、近代化の諸力を見ること。ちょうど、本のなかの一節の意味を本全体に照らし合わせながら、自身のこれまでの経験や見聞を思い浮かべながら読み解くように、である。これが様々な対象を扱う本書の執筆者たちの共通のやり方である。

　私たちが当たり前と思っていること、つまり自明視された現実をわざわざ対象化するのは、そのなかにいる人にはなかなかできない。ケータイ(携帯電話)の普及で、私たちがすでに情緒ある言葉、「待ちぼうけ」を失ったことに気がつかない。待ち合わせの約束をしたふたりのうちどちらかが待たされてしまう。待たされた方はどうしたのかなと案じ、そう言えばお母さんが寝こんでいると言っていたなあと事情に思いをはせる。ときには、これまでのつきあいをふりかえることもあろう。相手には何らかの事情があって来たくても来ることができないのだ。なぜか橋のたもとに夕日が沈んでいく。ところが、ケータイの携帯が当然になった現在「待ちぼうけ」はない。待たされた方には心配より「ケータイぐらいもって出ろよな」「"シカト"された」という被害糾弾的な気持ちしかないだろう。それはケータイの不携帯(!)という過失か、相手からの意図的な応答拒否かしか考えようがない。私たちは心配し事情を夢想する機会を失ったのだ。ケータイの登場は相手といつもつながるという距離のない関係を当たり前のものとする。この意識の変化は現在ではほとんど意識されていない。これはそのなかにいる私たちがその状況から超越して自らもその一部である状況を描写することの難しさを示している。

9. 「内なる異人」が自明性を読み解く

このような自明視された現実を明らかにするのが、フィールドワークである。フィールドワークは「内なる異人」の目をもって自明性を読み解いていく。そこに現れた人々はたんに近代化の諸力に翻弄されつつも、自身の暮らしを作ってきたのだった。本書から順番に紹介しよう。

1章　アフリカの片田舎で近代について考える（曽我亨）

曽我は、前近代的とされるアフリカのケニアの牧畜民が実は「世界市場の末端に置かれた消費者」であることを指摘している。生活を支えるトウモロコシはアメリカからの援助物資、懐中電灯や乾電池、包丁、石油洋燈など日用雑貨は中国製、かれらの家畜は食肉や皮革として輸出されている。さらに牧畜民サンブルのビーズについての研究が紹介される。かれらの身につけるビーズなどの装飾品はチェコスロバキア製で、年々派手になっていった装飾はまさに近代化とともに増殖したのだった。それはたんに商品経済のなかで買わされたのではない。むしろ、流通する輸入ビーズを使って、かれらはサンブルらしさを発揮してきたのだと読解した。

2章　アフリカの焼畑農耕民社会と近代化政策（杉山祐子）

杉山はザンビアのベンバの在来の農法であるチテメネ・システムを紹介する。チテメネは多様な環境を創り出し、しかもそれが経済的格差の拡大や階層分化を抑制する、平準化機構と結びついている。農業の近代化政策は、換金作物のモノカルチャー（単一作物栽培）を奨励し、世帯間の所得格差をもたらす結果となった。しかし、人々は、多くもつ人が他の人へ分け与えるという社会規範にそって、村内に現金を環流させる仕組みや労働力を相互に提供する仕組みを再編して、すべての世帯が現金も食物も安定的に手に入れられるようにしたのだった。これはかれら独自の近代化のかたちであると杉山は評価している。

3章　狩猟採集民と焼畑農耕民（丹野正）

丹野は、アフリカ森林地帯に住むアカ・ピグミーとその周辺に住む焼

畑農耕民の関係に焦点をあてている。森の人・アカは森林地帯で森のキャンプを設営して移動しながら狩猟採集活動をしている。その一方で、村の人・農耕民の居住地近くに、村のキャンプを設営して、村人と、人的・物的交流を維持している。分かち合いで生活する森の人と、現金経済化され、近代的意識をもちだした村人との、畑の収穫物をめぐるトラブルが描かれる。そこに現れたのは、農耕をせず、トラブルが表面化すれば、忽然（こつぜん）と森へ帰っていくアカ・ピグミーの生き方である。丹野はここに近代化に屈しないかれらの強さを見ている。

4章　医療化と脱医療化 (作道信介)

作道は近代化の事例のひとつとして、医療化と脱医療化を取りあげた。乳幼児のアトピー性皮膚炎は1980年代後半、マス・メディア上で、「現代病アトピー」としての意味の広がりを獲得した。作道はアトピーの子どもを抱える母親の語りから、「現代病アトピー」は「皮膚病にすぎない」という皮膚科的な説明に抗する根拠となっていることを示した。これは子どもの身体に即して病気を理解しようとする等身大の努力と見ることができる。

5章　恋愛と結婚の現代的様相 (羽渕一代)

羽渕は恋愛、結婚という私的な領域における人間関係のあり方、そしてその形式を支えるメディア行動について取りあげている。結婚は家族形成のためのライフイベントであり、この非常に私的な行為が集積し、公的な領域の諸問題を形成していると言っても過言ではない。具体的に言えば、人口の問題に恋愛、結婚は関わる。近代化が成熟することにより、私的領域における人間関係のあり方は、その形式的な側面、コミュニケーション行動から変質し始めた。その具体的な行動を紹介しつつ、人口に関わる社会現象の社会学的解説を試みている。

6章　都市と路上で生きる人々 (山口恵子)

この章はホームレスのいっちゃんの日常から始まる。いっちゃんは頑丈な手押し車を押しながら、路上のアルミ缶を集める。雨が降っても集める。凍えても集める。人々の耳目を引かないように気をつけながら集める。そうした11時間労働は2,000円弱にすぎない。ホームレスのいっ

ちゃんの仕事は都市のリサイクルに埋め込まれている。これはいっちゃんの「自立」の姿ではないか。一方、都市政策はかれらを排除し、福祉の対象とする。私たちの社会は異質なものを排除する「排除型社会」に向かっている。

7章　地方青少年にとっての学歴と社会移動（髙瀬雅弘）

　学歴社会の成立を問う髙瀬は、明治時代から昭和戦前期にかけての山形県鶴岡市の旧制中学校卒業生の在学時および卒業後の記録資料を調査した。歴史的な「資料から（当時の）人生を再構成する」方法である。学歴取得にはどのような要因が関連していたか。それは親の職業であった。かれらは都市にでて新たな人生を切り開こうとする者ばかりではなく、そのなかには家業継承をかなえるために学歴取得へ向かった者も少なからずいたのである。こうした学校利用のパターンから「学歴社会とは（身分や家庭環境などの属性ではなく）業績主義に基づいた社会だ」とする常識をくつがえす。さらに現代においては格差を再生産する「学歴の身分化」が起こっていると指摘した。

8章　日本の近代化と地域社会（山下祐介）

　山下はまず近代化理論を社会学的にまとめるところから始める。そのなかで、日本の近代化の特徴は「上からの近代化」であると指摘する。「国家主導の資本主義を庶民層が下からしっかりと支え、積極的に動員され」ていた。それを支えていたのが自治単位としての村や町である。村や町は中間集団（地域集団）として国家に組み入れられていた。そのなかで、自治が存在した。この中間集団たる地域社会が衰退、消滅しつつあるのではないか。それはむきだしの個人が国家と対面する管理社会＝大衆社会の出現を意味する、と山下は危惧する。例として、青森県西目屋村のダム建設で水没移転した集落の人口構成の変化と地域社会の歴史をあげる。

コラム　計量調査で人を知る、社会を知る（石黒格）

　石黒は質問紙を使った計量調査という技法によって、人の心を理解する例を紹介する。計量調査は、住み込み調査や追跡調査とは異なり、抽出された多数の人々に共通の質問項目に答えてもらう方法である。そこ

に明らかになる人間像は例えば近代が前提とする「自律的な個人間の平等」とは異質な姿であった。

10. 近代化の「複雑な表情」

　フィールドワークの基本は多様な技法を組み合わせたマルチ・メソッドである。その方法はちょうど映画のカメラワークのように、「外部からの見え」と「内部からの見え」の間を往復する運動であった。それによって、私たちが手に入れた近代化の見えはすでに、各章の紹介とともに提示した。ここでは、その特色をまとめておこう。

　まず、社会や人間は右肩あがりに"進歩"(あるいは後退)するものではない。近代化を国単位で考えると、"進歩"(あるいは後退)に見えても、地域社会、家族、個人へと単位を小さくすると、その「複雑な表情」(曽我)が見えてくる。その渦中にいる人々から見ると、近代化はつつがなく暮らすために、「それにのりつつ、かわしつつ、抗いつつ、ときに笑いとばしつつ」対応するものである。フィールドワークは私たちの暮らしにそって、その経験にそって近代化を考えることで、「近代化の人間化」と言うべき働きをしているのである。それは数値や仕組みの説明だけでは見逃されがちな、人々の経験している近代化を明るみにだしてくれる。

　それだけではない。フィールドワークはつねに、「内なる異人」としての経験を根拠にしている。そのとき、「内なる異人」(私)は相手が当たり前として行う言動を私の当たり前と対照しているはずである。相手が当たり前に振る舞っていることは私にとっての当たり前ではないと気づく。したがって、フィールドワークとは調査する側の当たり前 (それは相手にとっては"へん"なことかもしれない) が照らしだされることでもある。その結果、私たちは相手を同時代人(近代人)として遇することができる。たとえ、相手が歴史的資料から復元された人々であっても、である。その同時代人の召還は、フィールドワークの成果を、相手を含んだ"私たち"の現状や将来のこととして語ることを可能にする。本書の各章は個別の事例に言及しつつ、"私たち"について語っているのである。

　フィールドワークは異質であることの発見を通じて同質性を見いだす。異

なる文化、異なる時代に生きていた人々との間に、安易な同質性を見いだすのは危険である。だが、「異なるから」といって断絶のみを強調することはできない。私たちが連綿と、人と人とのつながり（社会）を形成し、世代を結び、異文化を理解し、後世に諸事を託してきたのは事実だからである。異質から同質へ、そして再び異質へという運動が続く限りにおいて、フィールドワークは一見断絶しているかに見える関係をつなぐ役割を果たしている。

まとめよう。まず、私たちは"どっぷり"近代化のなかに浸かっている、と認識しよう。近代は私たちを例えば合理的な自律した個人として扱おうとする。その働きかけはまさに、「近代になる／する」近代化そのものである。近代化は私たちも自分自身実際そういう存在だと思いこんでしまいかねないほどのドミナントな大声となって耳に響く。フィールドワークは身体的理解と現場志向によって、大声にかき消された小さな声を拾いあげようとする。そこに現れたのは、「つつがなく暮らす」私たちの姿である。近代化にのりつつ、かわしつつ、抗いつつ、ときに笑いとばしつつ、である。フィールドワークが描く近代化は、ドミナントな声や見方——それは"先進"的なので私たちはつい魅入られてしまう——の背後にあって、"とるにたらない""しょぼい""超バッド"と思われがちな営みをクローズアップする。世界システムに組みこまれても、農業近代化の圧力にさらされても、定住するよう言われても、たんなる皮膚疾患にすぎないと診断されても、ホームレスと呼ばれ排除されても、過疎高齢化が進み、村が消滅すると予測されても、そこにはつつがなく暮らそうとする人々がいる。その姿は私たちの生活自体を複雑に理解するよう促がす問いとなるのである。複雑な理解はしっかり張った酢漿草の根のようなものである。根は複雑に分岐し、土を捉え、他の株と連絡する。フィールドワークは多角的に現実を捉え、将来を展望する可能性の幅を広げてくれるのである。

本書の読み方

本書は弘前大学の1, 2年生向け授業（「21世紀教育」）を担当する教員を中心に書かれたものである。いずれの教員も各自のフィールドをもち調査研究に携わっている。それぞれの章は自分の目で足で確かめた経験をもとに書かれ

ている。書きぶりは、語りかけるような章から、学術論文に近い章まで多様である。いずれも現場からの報告として読んでいただけたら幸いである。最初から順を追って読む必要はない。興味をもったところから読み始めてほしい。

　章の冒頭には、章の概略とキーワードを載せ、章末には、Q&Aとキーワードの解説をつけた。興味の根が広がることを願っている。

【参考文献】
川北稔 2001『知の教科書ウォーラースティン』講談社
ギデンズ, A. 1993 松尾精文・小幡正敏訳『近代とはいかなる時代か？―モダニティの帰結』而立書房
佐藤郁哉 2002『組織と経営について知るための実践フィールドワーク入門』有斐閣
─── 2006『フィールドワーク―書をもって街へ出よう』新曜社
トゥールミン, S. 2001 藤井龍雄・新井浩子訳『近代とは何か―その隠されたアジェンダ』法政大学出版局
野口裕二 2005『ナラティヴの臨床社会学』勁草書房
バーガー, P.L.・バーガー, B.・ケルナー, H. 1978 高山真知子・馬場伸也・馬場恭子訳『故郷喪失者たち―近代化と日常意識―』新曜社

I
アフリカ

牧畜民、焼畑農耕民、狩猟採集民
の
世界へ

1章　アフリカの片田舎で近代について考える

曽我　亨

【要　約】

　「近代化」とはどのような現象を指すのだろう。ここではアフリカの片田舎を題材に、「近代化」についてのふたつの見方を紹介する。最初に紹介するのは、アフリカの片田舎を「前近代」的な場所と見なす見方である。次にこの見方には問題点が多いことを示し、アフリカの片田舎でも西欧の近代化と並行して、独自の「近代化」が起きていると見なす見方を紹介する。その複雑なアフリカの近代化を、植民地化、「部族」の誕生、伝統衣装、家父長制などに注目して読み解いていこう。

【キーワード】 近代的精神、周辺の近代化

はじめに──日本人は万能選手？

　エチオピアの片田舎で人類学のフィールドワーク（現地調査）をしていたときのことだ。私は、村人たちの要望に辟易(へきえき)していた。かれらは「直してくれ」と言って、壊れたラジオや時計をもちこんでくる。「私には直せない」と答えると、「どうしてお前は私の依頼を拒否するのか」と問いつめてくる。かれらは私の言葉をまるで信用せず、私がかれらを嫌って（？）拒否していると考えているようなのだ。いつも仲良くしている青年たちまで、「日本人は子どもでも時計を作ることができるんだろ」と疑惑の目を向けてくる。いったい、どうしたら信じてもらえるのか、私は困り果てていた。

　週に一度開かれる市場は、カラフルな衣服、トウモロコシ、トマト、ジャガイモ、芭蕉(ばしょう)によく似たエンセーテ、蜂蜜、覚醒作用のあるチャットの葉などを売る店で賑わう。その一角には、ラジオや時計の修理を請け負う者たちが、ラジオペンチやドライバーを片手に客を待ちかまえている。ブリキの箱には、ボタン電池やリード線、使い古しのラジオから取りはずしたパーツが無造作に放りこまれている。かれらはお手製のテスターを駆使して、もちこまれるテープレコーダーや時計を次々と直していく。その鮮やかな手並みには感心するが、私も同じように直すことができると思われるのは大迷惑だ。小学生の時、修理と称して父のラジオを壊した私に直せるわけがない。

　困っていた私だが、そのうちにかれらが、自分たちの暮らしをひな型に、日本人（または白人）のイメージを作りあげていることに気づいた。例えばかれらは、日本人ならば誰もが、時計やラジオ、ひいては自動車まで、何でもひとりで作れると信じている。かれらがそのように信じるのは、日常的に何でもひとりで作りだすことができるかれらの暮らしをひな型にして理解しているからなのだ。

　かれらはもともと日常生活で用いるあらゆるものを自分で作りだしてしまうジェネラリスト（万能選手）だ。木や皮を器用に加工して水筒やラクダの首にかける木鈴やコーヒーカップを作ったり、野生アスパラガスの根からとった繊維を編んでミルクバケツを作ったり、木の枝を組み合わせてドーム状の家を作ったり、皮ひもを編んで丈夫なロープを作ったり、何でも作りだして

しまう。自分で何もかも作りだすのが当たり前の生活を送るかれらが、白人もラジオや時計をひとりで作りだすのだと考えてしまうのも無理はない。

ところが私たちの社会は分業によって成り立っている。自動車や時計、ラジオやテレビなど何もかも一人で作ることができる人などいるわけがない。私たちの社会は自動車を作る人、時計を作る人、ラジオを作る人といった具合に分業しているのだ。それぞれの領域は、さらに徹底的に分業化されている。工員は、ベルトコンベアで運ばれてくる車にひとつの部品を取りつけることはできても、ひとりで自動車を作りあげることなどできはしない。私たちは皆、生産活動のごく一部に特化した技能や知識をもつスペシャリスト(専門家)なのであり、ひとつのことだけは完璧にこなすことができるが、他のことにはまったく無知な存在なのである。

このことに気がついた私は、さっそく青年たちに説明してみた。「あのなぁ、自動車ってのはひとりでは作れないんだよ。例えば、それは紅茶を4人がかりで入れるようなものさ。ひとりがヤカンの湯を沸かし、ひとりがお茶の葉を入れ、ひとりが砂糖を入れ、ひとりがミルクを入れるって具合にね。自動車は部品が多いから、それこそ100人以上の人間が、タイヤやハンドルやイスやドアをくっつけて作るのさ。だけどタイヤ係はタイヤのつけ方、ハンドル係はハンドルのつけ方しか知らないんだよ。自動車を作る道に進んだ者だって、ひとりで車を作ることはできないし、俺に関していえば、自動車を作る道に進んだことすらないから、壊れた車も直せないのさ……」

この説明は大受けだった。青年たちは、私が「自動車を作る道にも、ラジオを作る道にも、時計を作る道にも進んだことがない。ただ、文化や慣習を学ぶ道に進んだ」ことにがっかりしたようだが、それ以来、私の説明を信じてくれるようになった。壊れたラジオをもちこむ村人に、私に代わって青年たちが「この白人は本当に、何にもできないのさ」と説明してくれるようにもなった。疑惑をかけられなくなってホッとしたが、逆に自分の無能さが強調されて、その後、何とも複雑な気持ちがしたものである。

1. 生き生きと理解する

さて、これまで述べてきたエピソードは、社会学者エミール・デュルケム

が1893年に著した『社会分業論』に目を通したことがあれば、誰でも知っていることである。今から百年以上も前に、デュルケムは、同質的・均質的な個人（つまり誰もが万能選手）からなる環節的社会が分業化をとげ、ついには組織的社会へと変化していくと指摘した。環節的社会とは変わった表現だが、社会がいわばミミズのように多数の環節からできている社会と思えばよい。ミミズが、互いによく似た環節からできているように、環節的社会とは、互いによく似た人間（ジェネラリスト）が集まってできている社会なのであり、前近代社会を代表すると言ってよい。一方、組織的社会は、交通が発達し、人口が増大・集中したところ（都市など）に出現する。近代社会の代表だ。

環節的社会を作っているのは、互いによく似た、同質的な能力をもつジェネラリストたちであるから、かれらは基本的に、他人を頼らなくてもよいはずである。だから人々の間に連帯があるとしても、それは機械的なものに違いない。デュルケムは環節的社会の社会関係を機械的連帯と呼んだ。一方、組織的社会を作っているのは一部の仕事に特化したスペシャリストたちであるから、自分のできない仕事は他のスペシャリストに依存することになる。かれらは互いに依存しあわなければならないのだから、組織的社会には有機的連帯が作りだされていくと考えた。

『社会分業論』は社会学や人類学を学ぶ者にとっては、大学で最初に学ぶ常識中の常識で、ませた高校生なら知っていたって不思議はない。けれども机上で学ぶ知識とは、何と薄っぺらなことだろう。正直に言って私は、先のエピソードを体験するまで、デュルケムのいう「同質的・均質的な個人」がどのような考え方をする人たちなのか、まったく想像することができなかった。ラジオの修理を執拗に頼まれ困惑するなかで、はじめて「同質的・均質的な個人」の考え方を理解することができたのだ。書物を読みさえすれば、人間を理解できるわけではないところに、人間を対象とした学問の難しさがある。答案に「環節的社会は機械的連帯、組織的社会では有機的連帯」と書けば、試験のうえでは正解となっても、人類学や社会学をわかったことには決してならない。これらの知識は、生き生きと理解されなければならないのである。つまり、これらの学問を身につけ、人類学的に考えるためには、書物で学んだことを現実の生活のなかにおいて理解しなければならないのだ。

逆に、現実の生活についての知識をもっていたり、好奇心が旺盛な人ほど、人類学や社会学の著作を生き生きと理解することができると言ってもよいだろう。現実の生活を知るには、家のなかに閉じこもっていてはダメだ。フィールドに出かけよう。フィールドは私たちの理解を深めたり、考えるきっかけを与えてくれたりするワンダーランド（驚きに満ちた場所）なのだ。

2. 近代と前近代を対置する

　さて、本章ではアフリカの片田舎で近代を捉えるふたつの視角を紹介したい。ひとつ目は、これまで見てきたように、「私たち」の近代的な精神と「かれら」の前近代的な精神を対置する見方である。近代とは、たんなる時代の区分ではない。近代には、未来に向かって成長することや、自らを律することを当然視するといった、特有の精神や価値観が存在する。近代的な精神にどっぷりとつかった私たちには、もはや他のやり方や見方があることさえ思いだせなくなっている。そこで、近代的なやり方や見方に染まっていない「かれら」の生活を深く学ぶことで、近代的精神も他のいくつものやり方や見方のうちのひとつに過ぎないと相対化することができるだろう、というのがこの視角である。前近代的な精神が発現される「かれら」の生活は、私たち近代人の姿を映しだす鏡となる。「かれら」のことを学ぶのは、「私たち」自身のことを学ぶことそのものなのだ。

　近代的精神を相対化するというのは、とても大切なことだ。そもそも封建的人間関係を打破することによって誕生した近代は、人間の自由と平等を実現していく希望に満ちあふれた時代になるはずであった。実際、私たちは、王が所有する国家（王国）を打破し、市民自身が所有する国家（国民国家）を建設するなど、多くの自由を獲得してきた。自由な経済活動が発展してきたのも、市民が君主からの自由を獲得したおかげである。けれども、人間が解放されたはずの近代社会のなかで、逆に、私たちは多くの頸木や足枷につながれていることが明らかになってきた。例えば、私たちは未来に絶望したり、何をやってもダメな自分に絶望して、自殺したくなるときだってあるだろう。けれども「未来に絶望」したり「ダメな自分」を感じたりすること自体、近代に特有のものの感じ方なのだ。近代的精神を相対化するということは、今ま

で自分を縛っていた考え方を絶対視することをやめて、そこから自由を獲得する営みだと言ってよい。近代的精神が巧妙に仕組んだワナを見破り、私たちが自由に生きることができる未来を構想し続けることは、とても大切なことなのである。

　ちょっと脱線するが、前近代人は「未来に絶望」したり、「ダメな自分」を感じたりもしなかったことを確認しておこう。例えば中世において、「あやふやな未来」は存在しなかった。宗教学者ミルチャ・エリアーデ (1963) によると、中世ヨーロッパの人々は直線的な時間ではなく、毎年、同じことが反復して起こる循環する時間を生きていたのだという。循環する時間では、新年とともに過去はご破算となり、また同じ一年が繰り返される。循環する時間に生きる者にとって、未来は常に予測可能（つまり去年と同じ）であり、あやふやな未来に思い悩むことなどありえなかった。また職業の選択肢など存在しなかった時代には、将来に悩むこともなかったのである。

　「ダメな自分」を感じるのも、きわめて近代的な現象である。「ダメな自分」を感じるということは、近代の人間管理の仕方と関係しているのだ。歴史学者ミッシェル・フーコーによると、前近代において人を働かせる（管理する）にはふたつの方法しかなかったという。ひとつは封建制度であり、もうひとつは奴隷制度である。これらは非効率的な人間の管理法であった。例えば封建制度では、封土（領土）を与えることによって国王は封臣を働かせたが、国王の支配はその封臣だけにしか及ばず、一般人民を直接支配し働かせることはできなかった。また奴隷制度では、監督が鞭をふるって奴隷を働かせるが、監督が留守をすれば、奴隷はたちどころに働くのを止めてしまった。これらの非効率的な方法は、産業社会にふさわしくない。そこで効率を追求する近代が採用したのは、自律、すなわち各個人の心のなかに、自らを律する監視者を作りだすことであった。近代人ならば誰でも、目標を立て、それを達成しようと努めた経験があるだろう。けれども、目標を達成できなかったときや、努力が足りなかったとき、私たちは「お前（自分）はダメだ」と責めたてる心のなかの監視者の声を聞くのである。

　話を元に戻そう。近代に特有の精神や価値観が、いったいどんな性質を備えているのか。それを知るために私たちは過去をさかのぼって調べたり、近

代的思考とは異なる思考をもとめてフィールドへと向かう必要があるのである。

3. 近代世界システムの中核と周辺

　二つ目の視角は、一見すると前近代的精神のなかに暮らす「かれら」も、実は近代世界に深く組みこまれているとする見方である。2節では、「近代」に暮らす私たちと、「前近代」の生活をおくるかれらという対置をして見せたが、実はこうした見方には問題がある。世界のなかには、近代的な国や民族が存在する一方で、それらの国々から遅れた前近代的な国や民族があるように思えてしまうからだ。けれども、「かれら」の生活は、私たちよりも時間的・時代的に遅れた生活であると（逆に言えば、私たちの過去の生活であると）、本当に言うことができるのだろうか？　かれらと私たちの間には、タイム・ラグが存在するだけで、かれらもやがては私たちと同じような生活をすることになるのだろうか？

　冒頭のエピソードに登場するかれらは、ラクダやウシを飼育し、伝統的生活を送っているように見える。けれども、その生活にはラジオやテープレコーダー、ボールペンなど近代的工場生産物が当たり前のように登場する。主食のトウモロコシは、アメリカから援助物資として届けられたものであるし、食用油や砂糖も輸入されたものである。かれらはミルクをたっぷり入れた紅茶を好んで飲むが、この紅茶はイギリスが植民地支配した隣国ケニアの紅茶プランテーションで作られたものである。またラクダの治療薬はサウジアラビアの製薬会社が販売しているものだし、家畜用の抗生物質や注射器などもインドから輸入されたものである。かれらが身にまとう衣装はとても伝統的に見えるが、実はインドネシア製であるし（**写真1-1、1-2**参照）、日常生活に欠かせない懐中電灯、乾電池、ビニール製の靴や洗面器、斧を研ぐヤスリ、包丁、石油ランプなどは中国製だ。するどいアカシアのトゲから足をまもる丈夫なサンダルは、地元の職人が考案し作りだした傑作だが、古タイヤを材料にしている。かれらは世界市場の末端に置かれた消費者といってよい。

　一方、かれらが売ったウシやヤギは、ケニアの首都ナイロビやエチオピアの首都アディスアベバに送られる。ヤギやヒツジの皮革も輸出され、イタリ

写真1-1
美しい布をまとった女性。布はインドネシア製だ。ネックレスのビーズはチェコスロバキア製。子どもたちが着ているのは、アメリカ合州国から送られてきた古着である。

写真1-2
カラフルな布はインドネシア製、傘やホウロウの食器は中国製だ。

アなどで靴や手袋に加工されている。ラクダもソマリアを経てサウジアラビアに運ばれる。ラクダ肉を好むアラブ世界のラクダ専用市場に輸出されているのだ。かれらは食肉や皮革などの原料を提供する者として世界市場の末端に置かれているのである。

このようにかれらの生活をよく観察すると、かれらの社会は、私たちの過去の社会とはずいぶん異なっていることがわかるだろう。一見、伝統的な生活が繰り広げられている牧畜社会も、世界経済のなかでは食肉や皮革の生産地となっており、また廉価な軽工業製品の消費地ともなっている。経済活動をよく観察して見れば、「かれら」と「私たち」の社会は分離しているのではなく、むしろ深くつながっていると言えるだろう。このような社会の結びつきに注目したのが社会学者イマニュエル・ウォーラーステインであった（川北稔 2001）。

かれが主張する「近代世界システム」論は、大航海時代以降の世界を、大規模な分業システムとして捉えようとする。つまり世界は、第二次産業や第三次産業が集中する「中核」地域と、鉱山業や農業などの第一次産業が集中する「周辺」地域との分業体制からできているというのである。この分業は「中核」の国や地域が「工業化」され「開発」される過程そのものにおいて、発展途上諸国が、その食料・原材料生産地として猛烈に「低開発化」されることによって作りだされている。つまり「周辺」地域が低開発のままに置かれているのは、かれらが怠惰だからでも遅れているからでもなく、むしろ「中核」地域の活動によって、積極的に低開発化されているからなのである。

さて「周辺」に置かれた国々は農産物や原料を売り「中核」が生産する工業製品を購入するが、「中核」はこの貿易で大きな利益を得ている。近代世界システムとは「中核」が「周辺」から儲けるように作られたシステムなのだ。「中核」は、つねに「周辺」を必要としている。だからソフトウェア産業の発展に成功したインドのように、システムのなかで「周辺」から「中核」へと移行する国や地域はあっても、すべての国や地域が「中核」になることはありえない。近代世界システム論から見れば、南北問題はシステムが必然的に生みだす問題なのである。

4. 周辺地域の近代化

　それでは、アフリカの国や民族が近代世界システムの「周辺」に置かれていく過程で、どのように近代化（低開発化）が進められ、社会がどのように変質していったのか見ていこう。

　まず植民地として近代世界システムの「周辺」に置かれたアフリカ諸国では、国ごとに、換金性の高い品目に特化して、少品目の作物や輸出原料を集中的に生産するシステムが導入された。いわゆるモノカルチャー（単一作物栽培）である。例えばセネガルではラッカセイ、ガーナではカカオ豆、南アフリカでは金、ザンビアでは銅が集中的に生産されている。ケニアの場合、白人が経営するプランテーションで紅茶やサイザル麻などが生産されていた。このような広大なプランテーションはどのように経営されていたのだろうか。

　まず、広大なプランテーションを経営するには、大量の労働力を必要とする。これはケニアだけの事情ではない。例えばアメリカ大陸ではアフリカ人を奴隷とすることで労働力を確保しようとしたし、奴隷制度が廃止されて以降は、世界中の鉱山や炭鉱、鉄道敷設工事で中国人労働者がクーリー（苦力）として酷使された。それではケニアでは、どのようにして労働力を確保したのだろうか。

　ケニアでプランテーションを経営する白人農場主らは、植民地政府に働きかけて、現地人を労働者として調達しようとした。そのために植民地政府がとった手段は、小屋税の金納化である。ケニア西部出身の一族のライフヒストリーを、四世代に渡って徹底的に調査した社会学者松田素二 (2003) は、1902年に導入された小屋税の金納化が次のような意味をもっていたという。

> 小屋税とは、アフリカ人の家族が暮らす小屋（住居）ごとにかけられる税金のことであり、それを現金で納めさせることを通じて、アフリカ人、とりわけ世帯主たる成人男性を村から駆り出そうという目論見の政策であった。なぜなら税として納めるべき現金を獲得するチャンスは、植民地政府が斡旋する賃金労働以外には存在しなかったために、否応なく男たちは出稼ぎに行かざるを得なくなった (松田 2003:77)。

植民地政府は、税を物納ではなく金納させることによって、現金への需要を無理矢理作りだし、アフリカ人をプランテーションで働かせる労働者に変えていったのである。

さらに、このシステムを維持するためには、植民地政府は人々の自由な移動を禁止した。それまでの東アフリカ社会は、数家族単位で人々が自由に行き来する、離合集散性と流動性の高い社会であった。人々は地域から地域へと移動を繰り返し、移動した先々でその土地の文化集団の一員として定着したり、再び、移動を続けていったりしたのである。けれども、この流動性は植民地政府にとって容認できることではなかった。人々が自由に移動してしまうと、効率的に税金を集めることができないからである。そこで、植民地政府は人々の自由な移動を禁止し、「部族（トライブ）」ごとに住民台帳を作って人口と税収を管理しようとした。また植民地政府は、行政首長（チーフ）を任命し、税金を集めさせたほか、行政首長を通して人々を間接的に統治しようと試みたのである。

5. 創られた民族

こうした植民地政策の背景には、「アフリカには歴史もなければ文明もなく、遅れた未開の野蛮な部族が住んでいる」という、当時のヨーロッパ人の思いこみがあった。植民地政府は、想像上の人間集団である「部族」を単位に支配をしようと考えたのである。ところが、この植民地政府のやり方は、まったくのご都合主義に他ならなかった。かれらは既存の文化集団を、ひとつの「部族」とするのではなく、自分たちの支配の都合にあわせて集団を編成し、「部族」と勝手に決めたのである。文化人類学者のスチュアートヘンリ (2002) は、植民地政府が支配のために行った「部族（トライブ）」の捏造を厳しく批判している。例えば西アフリカで植民地政府はボゾと呼ばれる「部族」を作ったが、これは自称・言語・宗教・生活様式が異なる人々の寄せ集めに過ぎなかった。逆に、西アフリカのサヘル地帯に住む牧畜民トゥアレグのように、ひとつの文化集団が5つに分割されてしまうこともあった。植民地政府は、勝手に「部族」を作りあげ、人々が他の「部族」が住む地域へと自由に移動することを禁止してしまった。それまで人々は、「部族」の単位を越えて、

混交し交流してきたが、こうした歴史的営みが凍結されてしまったのである。

さらにスチュアートは、「部族」という呼び方そのものが差別的であると言う。日本語においても英語においても、「部族（トライブ）」という言葉は、世の中の動きから「とり残された」「原始的で」「野蛮で」「旧習に固執」する人々であるというネガティブなイメージをもっている。実際に起きている現象に注目すれば、「部族」も民族も違いはない。けれども、例えばヨーロッパで起きれば「民族紛争」と呼ばれる現象が、アフリカで起きると「部族紛争」と呼ばれるように、「部族」という言葉には私たちの先入観や偏見が色濃く反映されているのである。

さて、たとえ「部族」が植民地政府の捏造であったにせよ、「部族」はその後、ケニアの国内政治のなかで覇権を争いあうようになり、実質的に意味をもつ存在になっていった。現在、アフリカで起きている紛争のほとんどは、植民地政府が作りだした負の遺産「部族」によって引き起こされていると言ってよい。私たちは、アフリカで紛争が起きているのをニュースや報道で見聞きすると、つい、それが太古の昔から続いてきた現象なのだと思いがちである。それはアフリカの民族紛争を、「部族紛争」と報道したりしてしまう態度にもよく現れているだろう。けれども、偏見に満ちた「部族」という言葉を使うのはもうやめよう。紛争の主体となっているアフリカの民族は、植民地主義の隆盛とともに創りだされたのであり、近代世界システムのなかで創りだされた「近代的」な産物なのである。

6. 伝統的な装い

さて、アフリカの民族が近代世界システムのなかで創りだされた「近代の産物」であったとしても、個々の人々を見れば、昔ながらの伝統的な暮らしをしているように見えるかもしれない。ナイロビから約250キロメートル北に向かうとマラランという町がある。牧畜民サンブルの中心的な町だ。マラランに近づくと、未舗装の道路の両脇でウシを放牧するサンブルの少年や、薪を運ぶ女性を見ることができるだろう。とくに目を惹くのは、モラン（戦士）と呼ばれる青年たちだ。赤や白の布を一枚きりりと腰に巻きつけ、赤い染料で化粧をし、ビーズで全身を華やかに飾りたてる。そして長い槍を片手に、

すらりと伸ばした身体を跳躍させる。まさに伝統世界そのものがひろがっているかのようである。

けれども、かれらの体を飾りたてるプラスチックのビーズはチェコスロバキア製だ。いかにも伝統的な装いだが、これは世界市場の末端に成立している現象なのである。サンブルのビーズ装飾について調べた人類学者の中村香子 (2001：34) は、モランの装飾が時代を追うごとに華美になっていくことを見いだした。彼女によると、1921年にモランであった青年たちがわずか5種類のビーズ装飾品をまとっていたのに対し、1960年にモランだった青年たちは12種類のビーズ装飾品をまとっていた。その後、どんどんビーズ装飾品の種類は増えて、1999年には27種類ものビーズ装飾品が使われるようになった。さらに現在のモランたちは、同じ種類の装身具をいくつも重ねてつけたり、使うビーズの量を増やして装身具を派手にし、華美な装いをするようになってきたという（**写真1-3**参照）。中村は、ビーズの装飾品は一見すると伝統的に見えるが、実は近代化とともに急速に進化・増殖してきたのだ、

写真1-3　モランのビーズ装飾の変化（左は1960年頃、右は1999年）
（左の写真は P. Spencer, *The Samburu: A Study of Gerontocracy in a Nomadic Tribe*, University of California Press, Barkeley & Los Angeles, 1965 より。右の写真は中村香子撮影。）

と結論づけている。

　では、この事例をもとに「周辺」地域の近代化を考えてみよう。私たちが「近代化」というとき、それは無意識のうちに「西欧近代化」のことを想定していることが多い。けれどもサンブルの青年たちの華美な装いは、「西欧近代」的な装いとはかけ離れている。かれらはビーズを素材として手に入れたとき、それを「西欧近代」的なやり方で使おうとはしなかった。例えばビーズ装飾品にはプラスチックのボタン（ワイシャツに使われるような白いボタンが好まれる）が使われていることからもわかるように、かれらはビーズやボタンを自分たちの流儀で組みあわせているのである。だから、青年たちの華美な装いは、伝統的であるというよりむしろサンブル的（あるいはモラン的）であるというべきだろう。これを伝統的と見てしまうのは、2節に示した視角（かれらを前近代と捉える見方）に囚われているからに他ならない。サンブルの人々は、近代世界システムに深く組みこまれていくなかで、よりサンブルらしさやモランらしさをビーズの装飾品によって発揮してきたのである。

　「周辺」地域における近代化はこのように進行する。すなわち、「中核」由来の考え方や商品をローカル（その土地に固有）なコンテキスト（文脈）に埋めこむようにして、近代化が進行するのである。

7. 創られた家父長制

　もうひとつ植民地主義との相互作用によって創りだされた「伝統」について見ていこう。一般的に、アフリカの社会は家長が大きな権威をもつ社会であると理解されてきた。「家父長制」がアフリカ社会の伝統的特質だと思われていたのである。けれども最近の研究によると、植民地化される以前のアフリカ社会では、家長の権威はさほど強くなかったことがわかってきた。アフリカ社会の家長の権威は、社会にはじめから備わっていたわけではなく、むしろ「中核」地域が推進した植民地政策との相互反応として強化されてきたというのである。

　東アフリカの牧畜社会を例にとると、植民地政府は税金を課したり、様々な理由で罰金を課したりすることで、牧畜民の家畜を強制的に売らせようとした。かれらは、収税の日にあわせて市場を開き、牧畜民に家畜を売らせた

のである (Hodgson 1999)。

　従来、牧畜社会では、家長だけでなく、妻や息子たちにも家畜に対して多くの権利を認めていた。例えば妻は家畜のミルクを搾る権利を有しているし、息子たちは将来相続するであろう家畜に対して一定の所有権を有していた。もちろん家長にも、家族集団を代表する者として家畜に対する所有権が認められていたが、家長が独断で家畜を屠殺したり、他の人に贈ったりすることはできなかったのである。

　ところが植民地政府が牧畜民に家畜を強制的に売らせることに成功すると、家畜の代金は家長の手に入るようになった。家長はお金を独占することで、他の者たちに対する権威を強化していったのである。さらに家父長制は、植民地政府にとってもアフリカ社会を支配していく上で有用であった。植民地政府は、男性を司法や行政に取りたてることで、積極的に年長者の権威を強化していったのである。アフリカ社会の家父長制とは、家長たちと植民地政府の「癒着」によって創りだされたのだと言ってもよいだろう。いかにも伝統的なアフリカの家父長制も、アフリカの諸社会が近代世界システムに包摂されていく過程で創りだされたものなのである。

8. 複雑な近代の表情

　これまでに明らかになってきたのは、前近代的に見えるアフリカの片田舎が、実は世界的に展開される近代化のなかで創りあげられた場所であるということだ。「野蛮」な「部族」や、いかにも伝統的できらびやかな民族衣装、前近代的に見える家父長制などは、近代世界システムに包摂される過程において創りだされてきたのである。近代的な社会と言うと、私たちは鉄筋コンクリートで造られた摩天楼、道にあふれる車、清潔なオフィスに並べられたコンピュータなどを想像してしまいがちである。けれども、アフリカの片田舎に見られる「伝統的」で「前近代的」で「野蛮」にも見えたこれらの現象も、きわめて近代的な現象なのである。

　「近代」は複雑な表情をもっている。アフリカを「前近代的」な場所ときめつける視角は、その複雑な表情を見落としていると言えるだろう。人類学の目的は、この複雑な表情を読みとることにある。最後に、この複雑な「近代」

の表情の読みとり方について考えよう。

　ひとつの手法は、これまで見てきたような長い時間のなかでの変化を分析する通時的アプローチである。従来、歴史家たちはアフリカに歴史はなく、太古の昔から「原始的」な暮らしを延々と続けてきたと考えていた。しかし近年、口頭の歴史(オーラル・ヒストリー)や、アフリカを初期に訪れた旅行家たちの記録の詳細な検討から、アフリカには絶えまない人々の移動と集散によって作られた地域社会が存在し、そこでは様々な文化・言語・制度が混淆し、新たな文化・言語・制度が生成していたことが明らかになってきた。さらにそれらの地域社会は、大河によって緩やかに結びつけられ、人や物が移動していたことも明らかになってきた。例えば西アフリカのニジェール川(赤坂 1997)、中央アフリカのザイール川(杉村 1997)、南部アフリカのザンベジ川やリンポポ川流域(吉國 1997)には、多くの地域社会が形成されていた。私が調査している東アフリカでは、ナイル川に加えてタナ川やジュバ川、シャベレ川などに沿ってキャラバンが内陸とインド洋沿岸とを行き来し、多様な地域と文化を生みだしていた。こうしたヒトやモノの流れは、1880年代の植民地化によって遮断され、新たに宗主国と植民地政府が定めたルートに沿って整理・統合されていく。その変化の過程を丹念に追っていくことで、複雑な表情をもつアフリカの「近代化」を描きだすことができるだろう。これが通時的アプローチである。

　もうひとつの手法は、フィールドで出会う人々の現在の行動を記述することによって「近代」の複雑な表情を描きだしていく共時的アプローチである。アフリカの片田舎の「今」は、植民地政府とアフリカの人々との相互作用によって作られてきた。この過去の過程を明らかにするのが通時的アプローチであるが、アフリカの片田舎は「今」も生成され続けている。この生成され続ける「今」を記述することによって、複雑な「近代化」の表情を描くことも可能である。「今」には様々な力が交錯している。例えば国家の力や宗教の力、カネの力や文化の力、そしてこれらの力に覆い被さるようにして、グローバリゼーションという標準化・規格化の力が働いている。けれども「今」を生きる人々は、これらの力にただ翻弄され押し流されてばかりいるわけではない。これらの力を利用したり、のりかえたり、時には逆行したりしながら暮

らしている。さらにこれらの力を、既存の文化や制度と「接合」させて、新しい文化や制度を創りだしている。こうした人々の主体的な活動を丹念にみていくことで、複雑な「近代化」の表情を描くことができる。これが共時的アプローチである。

おわりに

　通時的アプローチにせよ共時的アプローチにせよ、人々の主体的な活動に焦点を当てることは、とても大切なことだ。私たちは、ともすると近代の圧倒的な力に押しつぶされてしまいそうになる。近代が仕掛ける桎梏から逃れられなくなる。そんな時、私たちは自らの主体性を見失っているとも言える。けれども、アフリカの片田舎（あるいは日本も含む全世界のあらゆる場所）で繰り広げられている人々の主体的な活動は、同時代を生き抜こうとする私たちにとっても重要な手がかりを提供してくれるに違いない。このときアフリカの片田舎は、わが身をうつす同時代的な鏡となるのである。

　本章では、アフリカの片田舎を題材に、近代を捉えるふたつの視角を紹介した。最初に紹介したアフリカを前近代的な場所と見なす視角は、ふたつ目のアフリカを近代的な場所と見なす視角によって否定された。けれども、ここで我々はらせん階段をぐるりと登って、再び最初の視角にちかい見方を手にすることになる。つまりアフリカを、私たち自身を見つめる鏡とする見方である。最初の視角は、アフリカを前近代的な場所と決めつけてしまう欠点をもっていた。それは、いわばかれらと私たちを前近代と近代に分断するような見方であった。新しい見方は、アフリカを同時代的な場所と捉える点が異なっている。かれらと私たちを分断するのではなく、かれらと私たちの営みを近代を生き抜く同時代人として考えていくこと。これが人類学の「近代」に対するアプローチなのである。

【参考文献】
赤坂賢 1997 「ニジェール川世界」宮本正興・松田素二共編『新書アフリカ史』講談社
エリアーデ, M. 1963 堀一郎訳『永劫回帰の神話』未來社
川北稔 2001 『知の教科書 ウォーラーステイン』講談社
杉村和彦 1997 「ザイール川世界」宮本正興・松田素二編『新書アフリカ史』講談社

スチュアートヘンリ 2002『民族幻想論』解放出版社
デュルケム, E. 1989 井伊玄太郎訳『社会分業論〈上〉〈下〉』講談社
中村香子 2001「進化するビーズ装飾——ケニア・サンブル社会における「モラン」の変容」『アフリカレポート』No. 33
Hodgson, D., 1999. "Pastoralism, Patriarchy and History: Changing Gender Relations Among Maasai in Tanganyika, 1890-1940", Journal of African History, 40.
松田素二 2003『呪医の末裔——東アフリカ・オデニョ一族の二十世紀』講談社
吉國恒雄 1997「ザンベジ・リンポポ川世界」宮本正興・松田素二編『新書アフリカ史』講談社

【キーワード】
近代的精神：近代には、特有のものの考え方や感じ方があります。一般的には合理的に考えることや、民主的な態度、自由をもとめる態度などがあげられるでしょう。こうした考え方や感じ方に加えて、本章では未来に絶望したり、自分のことをダメだと感じたりすることも近代に特有の精神として説明しています。
周辺の近代化：辞書や事典で「近代」について調べると、ヨーロッパの産業革命や市民社会の成立について書かれていることが多いようです。けれども西欧以外の地域でも、西欧の近代化とふかく結びつきながら、独自の近代化が進行しています。一見すると伝統的に見えるアフリカの「部族」や、伝統的な民族衣装、封建的に見える家父長制などが、むしろ近代化の進展によって誕生してきたことを理解しましょう。

【Q＆A】
質問 どうしてアフリカの片田舎が近代化していると言えるのですか？
答え たしかにアフリカの片田舎に行くと、いかにも伝統的な暮らしをしている人たちが住んでいます。けれどもかれらの暮らしをよく見ると、そこにはホウロウ引きの食器やカラフルなプリント布、ラジオなどがあふれていることに気づきます。逆に、アフリカの片田舎から家畜の肉や皮などが輸出されていることにも気づくはずです。このように近代化は、世界規模で生産者と消費者とを結びつけることで進行しているのです。この結びつきに気づけば、アフリカの片田舎も近代化のただ中にあることがわかるのではないでしょうか。

2章　アフリカの焼畑農耕民社会と近代化政策

杉山　祐子

斧を使って、鍬の柄を作る青年（ザンビア）

―【要　約】―

　アフリカ農民にとっての「近代化」は、社会の内部から生じたというよりは、植民地政府や独立後の国家の政策として目の前に現れたと言ってよい。西欧社会をモデルとしたこのような「近代化」は、人々が地域の自然との相互作用のなかで培ってきた環境利用システムとは異質であり、大きな社会的変化を促すインパクトだった。しかし人々は、それを自分たちになじみの文脈で読みかえ、自らの枠組みに組みこむことによって独特な生活様式を練りあげてきた。本章では、近代化政策との対比から、農耕民社会の特徴を描きだし、独自の近代化の姿を示す。

【キーワード】内発的発展論、過小生産、平準化機構

はじめに——肉もとれる畑

「さあ、畑に着いたよ」と言われたように思ったけれど、聞きちがいだったのだろうか。周囲にめぐらせた木製の柵は壊れているし、あたり一面、雑草が伸びほうだいだ。いぶかりながら、前を行く女性の後を追って、朽ちた木の柵をまたぎ越えると、「あっ！」足に針金が食い込んだ。何のことはない、ダイカー（森林性のカモシカ）を獲るための罠に足をとられたのだ。早くはずそうと焦れば焦るほど、針金は強く足首を締めつけていく。「フィールドワークに来て、なぜこんな目にあうんだ？」それは、中南部アフリカのザンビアで、焼畑農耕を営んで暮らす、ベンバの人々の村に、はじめて滞在したときのことだった。

「ユーコが獲れちゃったよ。おかずにはできないねぇ」と笑い転げる子どもたちに、「早く罠をはずしておやり」とテキパキ指示をした女性が、鍬で背丈ほどもある草をなぎ倒すと、あら不思議。陰からりっぱなキャッサバ芋が顔をだした。女性はキャッサバをほりあげると、雑草の下で乾いていたインゲンマメのさやからマメを集め始めた。子どもたちは、私の足から罠をはずし、私の護衛役にと少年を一人残して、草ぼうぼうの畑に散っていった。

護衛役の少年は、私にぴったり寄りそって畑を案内してくれ、罠がしかけられている場所や、さわると危険な草の実など、いちいち実物を見せては教えてくれる。それが終わると、今度は、食べられる野生の果実や葉っぱを、ひとつひとつ見せながら手渡してくれる。この年若い先達に導かれ、あれこれ手にとっては口に入れているうちに、自分が焼畑の調査に来たことなどすっかり忘れて、小一時間が過ぎてしまった。こうして見ると、最初は雑草だらけにしか見えなかった場所が、いろいろな種類の作物と、食べられる野生植物と、食べられないが害もない野生植物と、危ない野生植物が同居する、モザイクな３Ｄ空間なのだということがよくわかる。

いつの間にか、キャッサバやインゲンマメ、食用の野草などをどっさり籠に詰めた女性が「そろそろ帰るよ」と声をかけると、子どもたちがそれぞれの獲物をもって戻ってきた。少年たちが誇らしげにもってきたのは、モールラットとノネズミだった。イモなどが植えてある畑を好んで住処にしている小さな獣たちである。脂ののったこれらの獣肉は、今夜のおかずになるはず

だ。そして、柵のところに仕掛けられた罠は、畑の作物を食べにくるダイカーから作物を守ると同時に、獲れたダイカーをおかずにするという一石二鳥をねらったものだった。

　そう、ベンバの人たちが作る焼畑は、一か所で、作物も野生植物も、はては野生の獣までとれるマルチ機能をもっていたのだ。私は、畑と言えば作物だけを収穫する場所だと思っていたのだが、この「発見」をきっかけにして、かれらが、あらゆる食べ物を畑とその周りの二次林から取ってきていることを知った。「一か所で肉も野菜も取れるなんて、マーケットに買い物に行くみたいじゃない。なんて便利なの」と思って、ふと気づいた。この経験をするまで、焼畑がこんなに便利な畑などとは思いもしなかったことに。知らず知らずに、焼畑は昔のやり方を続けているだけだから「不便」だという先入観にとらわれていたのだ。「近代的」なものだけが便利なのだと、ただ漠然と思い込んでいた自分の認識の浅さに気づいて、あきれてしまった。

　ベンバの村へのはじめての滞在で、私が経験したような「気づき」は、実は、フィールドワークの過程でかならず通る道筋である。それは、自分が慣れ親しんで、当たり前だと思ってきたやり方や考え方が、他の社会では、当たり前でも何でもないことを知ることだ。それはとりもなおさず、自分の育ってきた文化や社会の尺度を相対化し、それとは違うやり方や考え方を理解する道の入り口に立ったということである。それが人間の文化や社会の多様性を知る第一歩となる。

　本章では、環境利用システムという点から見たアフリカの焼畑農耕と、それを生活の基盤にしてきた人々の社会の特徴について述べる。その人々が直面してきた農業の近代化政策における「近代的」な環境利用システムとの対比も含めて、アフリカの焼畑農耕民がどのように近代化しているのか、その様相を明らかにしようと思う。

1. 近代化政策とアフリカの在来農業の位置づけ
――西欧近代モデルから在来農業の再評価へ

　具体的な事例を紹介する前に、アフリカにおける近代化政策とアフリカの在来農業の位置づけについて概観しておこう。一般に、アフリカの焼畑耕作

は、「遅れた」「粗放的」な農業で、生産性が低いと考えられたり、森林破壊の元凶と見なされたりしてきた。それは焼畑耕作に限ったことではなく、焼畑耕作を含むアフリカの在来農業全体についても同じようなことが言える。

その理由のひとつは、アフリカの在来農業が、「自給的」な生産レベルにとどまっていると言われてきたことにある。それは、あとで述べるように、生産自体の問題というよりは、生産された物をどのように分配するかという消費の側面に関わる問題なのだが、近代的な尺度では、生産の側面を中心に見て「生産レベルが低い」と判断し、十分な生産ができないのだから「技術レベルが低い」という評価につながる。また、土地利用の方法が集約的でないことも、アフリカの在来農業を「遅れた」ものだと評価する原因になった。

それと言うのも、このような評価のモデルになっていたのが、西欧近代的な集約農業だったからである。そこでは、粗放的な土地利用から次第に集約化が進み、国家の産業としての農業が成立した西欧社会の歴史的な経験に基づいて、農業発達の図式が想定されている。その図式のなかで「原初的」な農法だと考えられていた焼畑は、まともに近代化政策のターゲットになった。だから、多くの国々で進められた農業の近代化政策では、自然に依存した焼畑耕作ではなく化学肥料を使う常畑耕作が、多品種の作物を栽培する混作ではなく、モノカルチャー（単一作物栽培）が奨励された。栽培する作物についても、自家消費を目的とした作物ではなく、換金作物の栽培が奨励され、収量の多い品種を化学肥料や農薬を用いて栽培する農法の普及活動や、政府の補助金を投入した価格政策なども強く進められた。

西欧近代社会のやり方こそ、近代化のモデルだと考えてきたのは、農業政策に限ったことではない。西欧近代社会の経験をもとに、すべての社会が同じプロセスをたどって「近代化」していくことによって、豊かさに至るという考え方は、1960年代初頭まで一般的であり、アメリカなどが行う海外援助政策の理論的基盤にもなっていた[1]。しかし1960年代以降、同じような政

---

[1] 例えば、1950年代のアメリカで発達した近代化理論は、産業技術の進歩と社会の変化の過程を説明する理論である。経済学者のロストウは、第一世界（資本主義経済システムをもつ近代産業国家群）、第二世界（社会主義経済システムをもつ産業国家群）、第三世界（伝統主義を継続する前近代的農業諸国群）に区分し、第三世界の近代化を達成するためには、すでに近代化を成し遂げた第一世界からの援助協力が必要であるとした（山下8章参照）。

策を展開しても、地域ごとの差異が大きいことが、次々と明らかになった。また貧富の差の拡大など、様々な弊害が生じたことも指摘されたために、このような近代化理論は、見直しを迫られた[2]。その後、1970年代になると、欧米諸国でも、近代社会の行きづまりや環境問題の顕在化を背景として、それまで豊かさへの唯一の道だと考えられてきた西欧近代的なパラダイムが批判され、それとは違う「もうひとつの (alternative)」道を求める動きが現れた。1970年代半ばに「後発高度工業化社会、非同盟諸国、および発展途上国の経験に基づいて構築され (鶴見 1989)」、1980年代以降、さかんに展開された内発的発展論やダグ・ハマーショルド財団による持続的発展論などがある。

　農業の近代化政策に深く関わる農業開発の分野においても、西欧近代的なパラダイムの見直しがはかられた。それまでに進められた農業の近代化政策は、すべてがめざましい成果をあげたとは言えず、アフリカの農村に定着しないものも多かったのだが、そのような政策の「失敗」は、アフリカの農民が「保守的」で「進んだ」技術を受け入れる素地がないからだという理由で説明されることがしばしばだった。しかし、地域の農民と接し、農業の実態を見てきた現場の援助関係者や研究者たちは、それが人々の「遅れ」を示すのではないと考えた。うまくいかなかったのは、近代化政策によって進められたやり方が、地域の農民の価値観や方法論に合わないために、農民たちが却下した結果だというのだ。このような考え方の転換によって、在来の知識や農法、農民の価値観を調査し、そこに学ぶことから開発を始めようとする立場が現れた。また持続的発展論の視点から、地域で調達できる材料を使い、地域の人々の価値観に適した技術（適正技術：appropriate technology）を模索する必要性が強調された。

　イギリスの農学者リチャーズ (Richards 1985) は、シエラレオネの農村調査によって、農民が、土壌や植生に応じて細やかに環境を分類し、それぞれの

---

[2] 近代化理論への批判を経て次に現れたのは、従属論である。従属論は、南北問題と総称されるような世界の国々の間の富の不均衡と経済的格差が、「主要国（先進諸国）」が「衛星国（途上国）」を搾取し、衛星国が主要国に政治的・経済的に従属せざるをえない経済構造に端を発していると主張した。その後、従属論への批判も視野に入れて、ウォーラステインによる世界システム論などが現れた（曽我1章、山下8章参照）。

分類と季節性に応じて、きめ細かな生業活動をしていることを明らかにした。また農民の生業活動は、端境期(はざかいき)に十分な食糧が得られることを基準に設計され、単位面積当たりの作物収量の増大を目指すより、生存の安定を重視するという価値観に基づいていることを示した。農民がその地域の環境や農法についてもつ知識は、かれらの観察や経験に基づいて蓄積され、体系立てられたもので、科学的にも十分な根拠をもつという。リチャーズは、これを「人々の科学」と呼び、農業や農村開発に当たっては、まずこのような技術や知識体系について調査し、それに基づいた開発計画を立案する必要があると述べた。また、農業の近代化には、それぞれの地域独自の生態系と政治社会的状況に応じた、個別の方法を見いだすプロセスが重要だと述べた。

　日本の研究者たちも、丹念なフィールドワークによって、アフリカ各地における在来農業の実態を明らかにしており、エチオピア、タンザニア、ザイール、ザンビアなどでの調査研究の蓄積によって、地域の人々が、細やかで合理的な在来農法を鍛えあげてきたことを示している (荒木 1996、大山 2002、掛谷 1998、重田 1998、2002、加藤 2002、伊谷 2003)。

2. アフリカの焼畑農耕民に見る環境利用システム

　アフリカの様々な地域で行われている農耕の実態に接して見ると、それらが地域の生態系を熟知した技術に基づいていて、植民地化や現金経済の浸透などの歴史的変化のなかで、地域の人々が絶え間なく続けてきた「技術革新」の結果、今に至っている農法であることがよくわかる。また、低いと思われていた生産力も意外に高いことが明らかにされてきた。このようなことを念頭に置きながら、次に、ザンビアに住むベンバの事例を見てみよう。

1　ベンバのチテメネ・システム

　ベンバは、ザンビア北部州に住むバントゥ系の人々である。現在のコンゴ民主共和国に当たる地域に栄えたルンダ・ルバ王国から、17世紀末にこの地域にやってきて、強大な軍事力を背景に伝統的王国を創りあげた。この地域の植生は、一般にミオンボ林と呼ばれる乾燥疎開林であるが、樹木の生育密度が低く、土壌も貧栄養である。農業には一見不向きなこの地域で、ベンバ

の人々はチテメネ・システムと呼ばれる独特の焼畑農耕を基盤に生計を立ててきた。チテメネ農法は、ベンバがその先住民族から学んだ農法だと言われている。植民地時代以降、政府によって禁止されたが、ベンバの人々はこの

写真2-1
樹上伐採するベンバの男性（ザンビア）。手際よく作業することが、「一人前のおとなであること」や「男らしさ」を表すしるしでもある。

写真2-2 伐採された枝葉を運搬するベンバの女性（ザンビア）

農法を放棄せず、時代の変化に応じた「技術革新」を加えながら、チテメネ・システムを練りあげてきた。

チテメネ・システムのもっとも大きな特徴は、開墾方法にある。開墾のときには、男性が木に登って枝葉だけを伐り落とすので、幹は伐採されずに残る（写真2-1）。伐り落とされた枝葉が乾燥すると、女性がそれらを束ねて伐採地の中央部に運び（写真2-2）、円形に積みあげる（写真2-3）。雨期に入る直前に、この円形に積みあげられた枝葉の堆積に火入れが行われ、その部分だけが耕地になる。もうひとつの特徴は、輪作体系である。開墾したばかりの畑には主にシコクビエを栽培するが、畑の周囲には長い畝をたて、サツマイモ、カボチャなどを、中心部のところどころにトマト、オクラ、トウモロコシ、タバコなどを植えつけ、必要に応じて収穫する（写真2-4）。その後、数年にわたって作物を輪作し、休閑に入る（図2-1）。この輪作体系は、20世紀初頭以降、ベンバの村びとが、植民地政府の導入した畝たて耕作や近隣の民族集団の農法と作物を取り入れて発達させたものである。

土壌学者の荒木(1993)の調査によれば、シコクビエの収量は、畑に投入された有機物（積みあげられた枝葉）の灰だけでなく、土壌に含まれる有機物の量と無機化窒素量（植物が使える形になった窒素量）とに対応していることが明ら

写真2-3　伐採地の中央に堆積された枝葉。これを焼いた部分だけが耕地になる。

44　I　アフリカ

写真2-4　焼畑の耕地には、シコクビエのほか、カボチャやサツマイモなど多種類の作物が植えつけられる。

年度	耕地	作付け作物
開墾初年度	シコクビエ×（凡例：≡耕地円周部の長畝（サツマイモ、カボチャ、食用ヒョウタン）、▲トウモロコシ、ソルガム、×トマト、在来野菜、◇タバコ）	<耕地内部> シコクビエ、トウモロコシ、ソルガム、トマト、ナタネ科在来野菜、タバコ <耕地円周部の畝> サツマイモ、カボチャ、食用ヒョウタン、
2年目	ラッカセイ／バンバラマメ（凡例：≡木製柵）	<耕地内部> ラッカセイ、バンバラマメ
3〜4年目	キャッサバ（凡例：≡木製柵）	<耕地内部> キャッサバ（根茎と葉を利用）
5年目	（凡例：≡木製柵あと、▲魚毒、○インゲンマメ、ササゲの丸畝）	<耕地の一部、丸畝> インゲンマメ、ササゲ <耕地の空き空間> 魚毒 <耕地外周の木製柵あと> カボチャ、食用ヒョウタン

図2-1　チテメネの輪作体系

かになった。それは、土を高温で焼くことによっておこる、焼土効果と呼ばれる化学変化の結果である。木の枝だけを伐り落とし、伐採地の中央に運搬してその堆積だけを焼くことが、チテメネの開墾方法の特徴であることはすでに述べたが、このように手間をかけて焼畑を開墾しているのは、この地域の樹木の密度の低さを補って、農耕に十分な有機物を確保すると同時に、土を高温で焼く焼土効果を高める意味があったことがわかる。

　ベンバの村びともまた、チテメネの開墾時に枝葉を積みあげて焼くのは、「土をよく焼くため」だと言い、枝葉が長時間にわたって勢いよく燃えることを重視する。枝葉がよく燃えれば高い温度で土がよく焼ける。土がよく焼けると、草や木の根と結合して、土の中にムフンド (*mufundo*：ベンバ語で養分の意味) ができるからだという。それは上記のような焼土効果の土壌学的な説明と同じであり、かれらが自分たちの農法について、いかに正確な認識をもっているかを示している。

2　ミオンボ林の自然更新を促し、多様な環境を作りだすシステム

　チテメネの生産性を知るため、初年度に栽培されるシコクビエの収量を量ったところ、1アール当たり、32 kgもの収穫があることが明らかになった。これは、化学肥料を投入して栽培した収穫量に匹敵する。肥料をまったく使わないので、収穫量は年ごとに減るが、村びとは畑に肥料を投入する代わりに休閑させ、耕地を移動させる。肥料を投入することによって、人為的に地力を維持し、特定の土地を長期間集中的に利用する近代的な農法とはちがって、焼畑農耕では、耕地の移動と休閑によって地力を回復させる。それによって「薄く広く」環境を利用するシステムだと言ってよいだろう。

　休閑期間は、作物を栽培する期間よりもはるかに長い年数にわたるが、人々は、休閑年数に応じて様々な遷移段階にある植生を多目的に利用する。休閑後2、3年の畑には、村びとが好んで食べる野生植物や薬草が生え、それから数年たつと、ムトンドとよばれる特定の樹種が多く育つ。この木は、ベンバの人々が珍重する食用イモムシ[3]の食草である。薪にも適している。休閑

---

[3] 食用イモムシは、動物性タンパク質の供給源として重要であるし、高値で取引されるため、現金収入源としても貴重である (杉山1993)。

写真2-5 網猟で獲れたダイカー

地の周囲には、日光を好む野性の果樹が大きく伸びる。さらに休閑年数を経た二次林は、モールラットやダイカーといった野生動物の住処となる（**写真2-5**）。休閑後十年から二十年たつと、二次林は再び焼畑として利用される。ベンバの人々は、焼畑を開墾することによって様々な作物を栽培すると同時に、休閑後に広がる多様な植生を利用して、生活を成り立たせている[4]。

　再生した二次林の木々はまた、チテメネを作るために都合の良い樹形になる。チテメネの開墾では、伐採した区域の一部に積み重ねた枝葉の堆積だけを焼いて耕地を造成するから、その外側にある木々は、火をかぶることなく生き残る。それらの木々の幹からは、伐採後まもなく新しい枝葉が芽吹き始め、数年もすると切り口から数本の新しい枝がのびる。数年から十年ほどたって、これらの枝葉が生育すると、以前の切り口は瘤のようになり、一箇所から何本も枝分かれして、こんもりと茂る樹形になるから、次に開墾する時には、一度にたくさんの枝葉がとれ、効率よく伐採作業を進めることができる。

4　狩猟採集の生活を営むムブティ・ピグミーについても、人が利用することによって、環境の多様性が作り出され維持されるという報告がある。市川(1995)によれば、ムブティが利用する動植物は二次林的環境に生育するものが多いという。ムブティが暮らすイトゥリの森は、ムブティと農耕民、野生植物や動物の相互作用によって、人間にとって暮らしやすい環境に改変されてきたと考えられるという（市川1995：163）。

2章　アフリカの焼畑農耕民社会と近代化政策　47

写真2-6　長年にわたって、繰り返し樹上伐採されたため、枝分かれが多く、瘤のある樹形になったミオンボの木

　焼畑の開墾によって、ミオンボ林に手を加えることによって、結果的に、チテメネ耕作に都合の良い樹形のミオンボ林を作りだしている（**写真2-6**）。ベンバの村びとは、チテメネ耕作を行うことによって、やせた土地とまばらな植生という、農耕には不利な条件を補いながら、ミオンボ林の自然更新を促してきたと言える。このように、チテメネ・システムは、畑で栽培する作物を得るだけではなく、ミオンボ林に人為的に働きかけることによって、植生の遷移に応じて現れてくるそれぞれの植物を利用し、資源の再生産のサイクルを自然に依存しながらも、結果的に、ミオンボ林を自分たちに都合のよい形に改変する環境利用の方法であると言える。

3　多様な自然環境を利用するジェネラリストとしての環境利用

　ベンバの村びとが、焼畑の作物だけでなく、休閑後にひろがる多様な自然環境を利用していることを示す資料がある。**図2-2**に、私が住み込んでいた

48　I　アフリカ

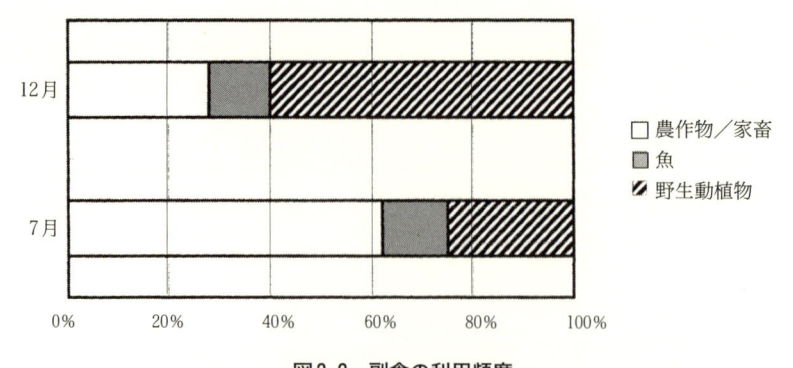

図2-2　副食の利用頻度
(1984年の食事日記より筆者作成)

凡例：□農作物／家畜　■魚　▨野生動植物

　村のある世帯で記録した、副食の利用頻度を表した。副食に登場する野生動植物の頻度が高く、もっとも多い12月で7割、少ない7月でも4割の副食が、野生動植物や魚によってまかなわれている。村びとは、畑への道すがらや畑仕事の合間に、キノコや野草などの野生植物や食用イモムシを採集する。男性は、斧と槍を肩にかけてミオンボ林に出かけ、モールラットやウサギなどを狩る。村びと総出で、ダイカーなどの網猟を行うこともある。ベンバは農耕を基盤に生計を営んでいるが、農業だけに特化しているわけではなく、休閑地やミオンボ林の多様な自然環境を利用して、狩猟や採集、漁労などの活動を組みあわせて生活しているのである。
　本書1章で曽我は、だれもが一通りのことをこなす万能選手としてのジェネラリストに言及している。ベンバもまた、農耕だけでなく、様々な生計活動をこなすことによって、多様な自然環境を利用する、ジェネラリストとしての環境利用の特徴をもっていると言える。チテメネ・システムは、耕地の移動によって、薄く広く環境を利用するやり方であるが、人々も農耕だけに特化せず、チテメネによって広がる多様な環境をジェネラリスト的に利用する。このように多様な自然を利用し、生産力の再生産を自然に委ねるという農法は、近代化のモデルとされた西欧近代的農業とは異質である。
　荒木 (2000) は、アフリカの在来農業の特徴を次の4つの点に集約した。それは、①在来農法がその地域の環境を映す鏡になっていること、②在来農法がしばしば地域の自然の生態系を模倣したり、あるいはその働きを増幅させ

るシステムを内包していること、③様々な創意工夫が加えられてはいるものの、最後は自然に委ねるという思想が在来農業の担い手たちのなかにあること、④自然、技術、社会があたかも有機体のように、わかちがたく結合していること、である（荒木 2000：121）。人類学者の掛谷誠 (1998) が論じたように、焼畑農耕はたんなる農法ではなく、環境利用システムを含む、生活のほかの側面と密接に結びついた生活様式として捉えることができる。

3. 少しずつ働いてみんなで食べる社会

　これまで、焼畑農耕を基盤とする環境利用の仕方が、近代的な環境利用とは異質であること、アフリカ在来の農法が地域の生態系によく合致し、生産性も高いことを述べてきた。ではなぜ、アフリカ焼畑農耕民の社会が「自給的」な生産レベルにあると言われるのだろうか。それは、焼畑農耕民の社会では、生産の側面が、生産されたものの分配に関わる消費の側面やそれに関わる社会的規範と不可分に結びつき、環境の過剰な利用を抑制する仕組みが働いているからである。以下で、その内容を見ていこう。

1　過小生産——短い労働時間と使用価値の文化

　アメリカの人類学者サーリンズ (1974) は、狩猟採集や焼畑農耕を生業とする諸社会について書かれた多くの民族誌を検討し、これらの社会を「始原あふれる豊かさに満ちた社会 (original affluent society)」と表現した。これらの社会において、食料を得るための労働時間がきわめて短く、利用可能な資源や労働力が一部しか使われずにいることに注目したからである。狩猟採集社会では、一日平均2〜3時間の労働で、必要な食料を手に入れることができる。焼畑農耕民の社会でも、一日平均の労働時間は3〜4時間で、多様な食料が獲得できる。労働力として頼りにできる成人男女のうち、若年層がほとんど働いていないことも指摘された。

　特定の地域に住む人口を指標にして、その地域で利用可能な資源量を推定すると、焼畑農業を営んでいる地域に現存する人口は、計算上の最大人口容量よりもずっと少ない傾向があるいう。もっとも高い人口密度をもつニューギニア高地のある民族集団でさえ、計算上の人口容量の60％程度でしかな

かった。アフリカのコンゴの森林地帯でも、ガーナのココア生産地帯でも、実際の人口密度は土地の負荷能力をはるかに下回っているという。資源の利用という点から見ると、利用可能な資源を最大限には利用しないこと、労働という点から見ると、少ない人員による少しの労働によって、そのとき必要なだけの食料を入手するという点が、狩猟採集社会や焼畑農耕社会の生産様式の特徴であるとサーリンズは指摘し、これを過小生産と呼んだ。

　これらの社会ではなぜ、使えるはずの資源を最大限に利用しないのだろうか。その基盤には、必要が生じたときに労働し、必要を満たすだけの資源を入手すると労働をやめてしまうという態度がある。市川 (1995) は、私たちの社会からは「非常識」とも見えるようなこの態度を育む文化社会的状況を、商品経済が支配的な社会の「交換価値の文化」と対照させて、「使用価値の文化」と呼ぶ。市川は、商品経済に取りこまれていない社会では、自然の多様な資源が生活上の必要や文化的な意味を満たしており、自然の多様な要素の安定利用と、社会と生活の持続性がもとめられるという。それに対して、経済的な動機が支配的な社会 (商品経済に取りこまれた社会) では、商品価値をもつ少数の資源の集中的、効率的な利用が目的とされる (市川 1995：167)。このような考え方から、前節で述べたベンバの事例を見ると、チテメネ・システムが「使用価値の文化」を基盤にしているのに対して、近代化政策で奨励されるような、常畑での換金作物栽培は「交換価値の文化」に根ざした農法であるとも言えるだろう。

　使用価値の文化が重要な社会はまた、物を必要以上に多くもつことに価値を見いださず、それゆえに必要以上に生産することに意味を与えない社会である[5]。それは、かれらの社会が移動性を基本にした小規模な社会であることと、次の節で述べるように、必要なものが社会の成員全体に行きわたるような分配の仕組みを備えた社会であることが深く関係している。

---

[5] 狩猟採集民にとっては、必要なものの多くは、身の回りに豊富にある自然の材料から簡単に作りだせるし、多くを貯蔵する必要もない。多くの物をもつことは、キャンプなどの移動の際に不便なだけであり、物をより多くもつことが社会的地位や名誉には結びつかない。詳しくは丹野3章参照。

2 焼畑農耕民社会における平準化機構

　アフリカにおける焼畑農耕民の村落では、食物についての相互扶助関係が一般的で、経済的格差の拡大や階層分化を抑制するような仕組み（平準化機構）があることが報告されている。

　タンザニアの西部、マハレに住む焼畑農耕民トングウェの社会でフィールドワークを行った掛谷 (1978) は、トングウェの人々が、自分の畑で取れた作物のうち、実に4割にも当たる食物を他の村の人々に「ごちそう」しているという驚くべき事実に気づいた。人々は毎年、自分の世帯で食べるのに足りるだけの畑しか開墾しないから、収穫した作物の4割も他人に食べさせてしまっては、自分たちの食べる分がなくなるはずだ。でも、かれらは困らない。自分たちの食料が底をつくと、トングウェの人々は親族や友人を訪問して、そこで「ごちそう」になるのだという。このように互いを訪問しあい、食物の提供を受け合うことによって、人々は年間を通じて安定した食料を確保しているわけだ。客人に気前よく食事をふるまい、自分の世帯の食物がなくなったら、自分たちが他の世帯の客人になるという広い社会的範囲に及ぶ互酬的な関係が、生計の基盤にある。

　なぜトングウェの人々は自分の世帯で食べるのに足りるだけの畑しか作らないのだろうか。なぜ、自分たちが食べるはずの分まで、他の人にごちそうするのだろうか。掛谷は、トングウェの生計に、①最小努力の傾向性と②食料の平均化の傾向性という2つの基本的な特徴があることを指摘し、それがトングウェ社会の基本にある社会的規範と、「妬み」の制度化による平準化の仕組みに支えられていることを明らかにした。

　トングウェ社会では、気前のよさが重要な社会的資質である。来客があれば、もっている食べ物を惜しみなくごちそうし、もてなすことが当たり前とされる。そこには、何かをもっている人は、他人に分け与えなければならないという社会的規範が深く関与している。客人が来たとき、気前よくもてなす人は、社会的に高い評価を得ることになるし、それによって客人との間に親和的な社会関係を築くことができる。その関係は、自分がもたない立場になったとき、他の人から確実に食べ物をもらえることを保証する。互いに食べ物を分け与える行為が、相互の密接な社会関係を作りだし、その社会関係

があることが、互いの間でのさらなる食べ物の分与を生みだすのである。このようにして、村を越えた広い範囲の人々の間で、相互に密接な社会関係が作りだされ、維持される。それは、自分の努力ではどうにもならない災害にみまわれたときにも、安定した援助を期待できる社会保障のネットワークになっているとも言える。

　「分け与える」ことに関する社会的規範は、他方で、他の人からの「妬み」への恐れに支えられていると掛谷は述べ、それをアメリカの人類学者フォスター[6]にならって「制度化された妬み」と呼んだ。アフリカ農耕民の社会には、他者の妬みが呪いとなって発動し、分け与えなかった人に災厄をもたらすという考え方がある。分け与えなかった人には、悪評と同時に、他者からの呪いによる災厄がめぐってくると考えられているわけである。つまり、食物を中心とした分配の仕組みは、「分け与える」ことを望ましいとする社会的規範によって支えられているのと同時に、それに反する行動を取る者には、他の人々の妬みを介した呪いがふりかかるという恐れによって裏支えされていると言える。それが、多くの物をもつ人から、もたない人への物の流れを促進し、結果的に、個々人の経済的格差を平準化する仕組み（平準化機構）を生みだしているという。

　このように焼畑農耕民社会では、足りないときには他の人からの分与を受けられるが、必要以上にもっていれば、他の人に分け与えなければならないという規範と、それを支える仕組みが重なりあっているので、人々は必要以上に畑を開墾して作物を作ろうとはしない。結果的に、過度の開発が抑制され、利用可能な資源を最大限に利用することが抑制される。サーリンズが指摘したような「過小生産」の実態は、このような分配の仕組みが根底にある社会だったことがわかる。そこから明らかになるのは、このような社会において、生産の上限を規定するのは、経済ではなく社会関係なのであり、経済

---

[6] フォスター（Foster 1965）は、南米の農耕民社会における妬みや呪いと分配について論じた。当該社会では、良き物や富の総量が限られており、特定の者が多くを得ると、他の者の取り分が少なくなるという「限定された富のイメージ」が、人々の妬みを喚起し、呪いにつながるので、それへの恐れが分配を促進するという。「妬み」のもつこのような社会的機能に注目して「制度化された妬み」と呼んだ。

（資源利用）は、具体的な社会関係と切りはなすことのできない、社会的活動の一部だということである。この点が、経済が社会関係とは別に動いている西欧近代社会と大きく異なっているといえる。このような社会の豊かさは、ありあまる物を生産することによってではなく、生産されたものが社会の成員にあまねく行きわたることによって実現している[7]。

おわりに──近代化政策との折り合い

　これまで述べてきたことからわかるように、狩猟採集や焼畑耕作を営む生活は、いわば経済成長を指向しない生活である。このような生活のありかたが、産業化とそれに伴う経済成長を指向する国家の経済と異質であることは、明らかだろう。自分たちの必要が満たされることが生産の上限を決めるという生活様式では、（余剰）生産物の商取引によって成り立つ経済を基礎にした国家の運営に寄与することが見こめない。だからこそ、農業の近代化政策が、焼畑耕作に代表されるような環境利用システムとは異なる環境利用のしかた、すなわち、集約的で、商業的な農業の普及を軸に進められてきたのだった。

　ここまで話を進めてくれば、2節で述べたような、近代化政策の進展による変化は、環境利用システムの質的な変化を促す動きであったことがわかるだろう。これらの近代化政策は、それまで人々が「薄く広く」利用していた環境を、「狭い範囲を集中的に」利用する方法へと根本的に転換させるものだったと言える。これら政策の実施によって、現金収入が得られるようになった反面、様々な歪みが生じた事例の報告は数多い。換金作物栽培の普及によって、環境への負荷が増大し、生活の基盤そのものが変化した事例や、土地利用をめぐる争い、ジェンダーのちがいによる経済的格差の拡大などの問題が指摘されている。

　分配の仕組みが強く働く社会に生きていると言っても、それぞれの農民が

---

[7] このことは、アマルティア・セン（2000）によるエンタイトルメント（権原）概念（人々が十分な食料を手に入れ消費する能力や資格）に通じる認識であろう。センによれば、現代の飢餓と飢饉は、一国における食料生産量ではなく、エンタイトルメントが損なわれることによって生じているという。

清貧を心がけ、「伝統」を守ろうと思って在来農業を続けているわけではない。現在の生活では、子どもを学校に行かせるのにも、食用油や調味料を手に入れるにも、衣類を買うにも、現金がなくてはならない。できれば、子どもを上の学校へやり、今より良い食物を食べ、良い服を着て、楽に暮らせるようになりたいという思いを抱いているのは、かれらも日本に暮らす私たちも同じことだ。だから、条件さえ整えば、アフリカの農民も、政府の進める換金作物栽培や常畑耕作などを積極的に取り入れようとする。

　ザンビアのベンバでは、換金作物のモノカルチャーが普及したために、栽培する作物の種類が激減した上、野生植物の採集活動が衰え、食生活のバラエティーが大きく狭まった地域もある。また、焼畑に加えて換金作物用の常畑を開墾するために、かつてよりずっと広い面積の疎開林を切り払うので、十分な休閑期間が確保しにくくなった。何よりも、現金経済が浸透したことによって、それまで生産の上限を決める基準になっていた「必要が満たされる」ことが見えにくくなった。換金作物として導入されたのは、トウモロコシだったのだが、それまでの村びとには、トウモロコシを主食として食べる習慣がなかった。収穫されたトウモロコシは、食べ物として村びとの間で分配されることがなく、そのまま政府機関に売却された。そのため、換金作物栽培を手広く始めた世帯では、桁ちがいに多くの現金収入を得られたのに、

写真2-7　1980年代半ばから盛んになった常畑でのトウモロコシ栽培。

世帯内の労働力に余裕がなく、換金作物栽培に手をつけられない世帯は、現金も食物も不足して困窮することになった。現金は食物と違って「分け与える」対象ではないため、平準化機構が作用しにくかったのである。

　しかし、このように様々な問題が見受けられるにもかかわらず、これらの社会における変化を丹念に検討すると、人々が近代化を自分たちの論理で読み替えながら、なじみの文脈に位置づけ、近代化政策との折り合いをつけていることが明らかになっている。近年では、そのような人々の論理に注目して、近代化政策や商品経済の浸透による地域の社会の変化を、地域の人々による「近代」の「読み替え」や、その地域独自の近代化の姿として描く研究も蓄積されてきた。それは、当の地域に暮らす人々が近代化政策の圧力にさらされ、生活を変化させられてしまうという受動的な存在なのではなく、自分たちで状況を見きわめ、生きていく方途を主体的に選び取る存在なのだという考え方に基づいている。このように、変化のなかの「人々の論理」に注目すると、人々が「近代化」を自在に読みかえ、利用してもいることが見えてくる。

　例えば、タンザニアの西南部に住むマテンゴ社会の変化について考察した杉村 (2000) は、コーヒー栽培と集約的な農業を行っているマテンゴの農村では、階層化が進む条件が整っているにもかかわらず、村びとの間での格差を少なくする仕組みが調整され、「平等主義的社会形態」が維持されていることを指摘した。マテンゴの人々は、商品経済に深く巻きこまれながらも、「分かち合い」を旨とする生活原理を応用して、自分たちになじみの文脈に置き換えていると言う。

　上述したザンビアのベンバ社会でも、換金作物栽培の普及によって生じた世帯間の格差は、その後の数年間の間に平準化した。トウモロコシ栽培が普及して1,2年もたたないうちに、村びとはトウモロコシを主食として食べるようになったので、トウモロコシは「食べ物」と考えられ、それを多くもつ人からもたない人へ「分け与える」対象に変化した。世帯の間でトウモロコシが分配されるようになっただけでなく、トウモロコシ畑を開墾するための労働力も提供されるようになった。

　また、村の女性たちが、それまでより簡単に造れる新しい製法の酒を醸造

して売るようになったので、現金収入の多い世帯の人々が多く酒を買って、ほかの村びとにふるまう機会も増え、一部の世帯だけが多額の現金を保有しつづける状況が緩和された。酒を醸造して売る女性たちの多くは、世帯内に十分な労働力のない女性世帯（女性を世帯主とする世帯）だったので、酒を売って得た現金で人を雇い、自分のトウモロコシ畑を開墾した。彼女たちはさらに、酒を「つけ」で買う男性に、自分の母やオバなど親族の畑を開墾してくれるよう依頼した。その結果、村のほとんどすべての世帯が、焼畑耕作を続けながら、換金作物栽培にも着手することになったのである。

　このように、一度は世帯間の格差が拡大したように見えたベンバの村だったが、多くもつ人が他の人へ分け与えるという社会的規範にそって、村びとの間で現金を還流させる仕組みや労働力を相互に提供しあう仕組みが再編され、すべての世帯が、現金も食物も安定的に手に入れられるようになった（杉山 1996）。そうすることによって、かれらは自分たち独自の近代化のかたちを生みだしたとも言える。

　近代化政策の進展は、現金経済を浸透させ、地域の生態系に根ざした生計を営むアフリカ農耕民を、国家という政治経済的なシステムに組みこむ結果をもたらした。近代化政策が下敷きにしている環境利用システムは、在来のそれと異質であり、これらが両立する余地はないように見える。しかし、人々はこれら異質なシステムのはざまにあって、在来の農業に固執するか、近代的な農業に転向するかという二者択一ではない道を模索し、その実践を通して折り合いをつけてきた。そのプロセスと結果が、現在私たちがフィールドで出会うアフリカの焼畑農耕民の姿である。人々が「近代化」をどのように受け入れ、自分たちになじみの社会的枠組みに馴化しているのかを考えることは、近代を十把一絡げに語るのでもなく、狭い「地域」社会のなかだけを語るのでもない、幅広い可能性をもっていると言えるだろう。

【参考文献】
荒木茂 1996「土とミオンボ林」田中二郎ほか編『続自然社会の人類学』アカデミア出版会
────── 2000「アフリカ在来農業に学ぶ」田中耕司『自然と結ぶ』昭和堂
伊谷樹一 2003「アフリカ・ミオンボ林帯とその周辺地域の在来農法」『アジア・アフリカ地域研究』2号 京都大学大学院アジア・アフリカ地域研究研究科

市川光雄 1995「環境問題と人類学」『生態人類学を学ぶ人のために』世界思想社
大山修一 2002「市場経済化と焼畑農耕社会の変容」掛谷誠編『アフリカ農耕民の世界』京都大学学術出版会
掛谷誠 1978「トングウェ族の生計維持機構―生活環境・生業・食生活―」『季刊人類学』5 (3)
――― 1987「『妬み』の生態人類学―アフリカの事例を中心に―」大塚柳太郎編『生態人類学』至文堂
――― 1998「焼畑農耕民の生き方」高村泰雄・重田眞義編『アフリカ農業の諸問題』京都大学出版会
加藤正彦 2002「タンザニア・マテンゴの掘り穴耕作とコーヒー栽培―「土造り」と「木造り」による集約的農業」掛谷誠編『アフリカ農耕民の世界―その在来性と変容―』京都大学学術出版会
サーリンズ，M. 1974 山内昶訳『石器時代の経済学』法政大学出版
重田眞義 1998「アフリカ農業研究の視点―アフリカ在来農業科学の解釈を目指して」高村泰雄・重田眞義編著『アフリカ農業の諸問題』京都大学学術出版会
――― 2002「アフリカにおける持続的な集約農業の可能性―エンセーテを基盤とするエチオピア西南部の在来農業を事例として―」掛谷誠編『アフリカ農耕民の世界―素の在来性と変容―』京都大学学術出版会
杉村和彦 1999「マテンゴ農村の商品経済化と社会的再編」池上甲一編『東・南部アフリカにおける食糧生産の商業化がもたらす社会再編の比較研究』平成8年度‐平成10年度文部科学省科学研究費補助金国際学術研究 研究成果報告書
杉山祐子 1993「ベンバの人々の食べる虫」三橋淳編『虫を食べる人々』平凡社
――― 1996「離婚したって大丈夫」和田正平編『アフリカ女性の民族誌』
セン，A. 2000 黒崎卓・山前幸治訳『貧困と飢饉』岩波書店
鶴見和子 1989「内発的発展論の系譜」鶴見和子・川田侃編『内発的発展論』東京大学出版会
Foster, George, M. 1965 "Peasant Society and the Image of Limited Good", American Anthropologist 67.
Richards, P. 1985 Indigenous Agricultural Revolution: ecology and food production in West Africa. London: Hutchinson.

【キーワード】

内発的発展論：1970年代に鶴見和子らが提唱した概念。ヨーロッパ近代の経験に基づいた単一の発展段階ではなく、それぞれの地域の伝統と歴史的な経験に基づいた発展を模索する必要を説き、その後の開発政策に大きな影響を与えた。同時期に提唱された類似の概念としてダグ・ハマーショルド財団による「もうひとつの発展」がある。

過小生産：アメリカの人類学者サーリンズは、狩猟採集民や焼畑農耕民の生産様式の特徴を総じて「過小生産」と呼んだ。「過小生産」は、少ない労働力で必要なものを得ることに価値を置く生産様式で、利用可能な資源や労働力を最大限に利用しようとはしない点で、西欧近代的な生産様式と対比される。

平準化機構：「過小生産」の背景には、生産された物を誰かが独占的に保有するのではなく、社会の成員に同じように行きわたるような分配の仕組みがある。一般的に、アフリカの焼畑農耕民社会では、他者への分与が重要な社会的資質と見なされているだけでなく、分与しない人は妬まれ、呪いによる災いを受けると考えられており、呪いへの恐れがさ

らに他者への分与を促す力になる。生産された物は、より多くをもつ人からもたない人へ分与され、結果的に、社会の成員全体に物が行きわたることになる。このプロセスを掛谷 (1974) は「平準化機構」と呼んだ。

【Q & A】

質問 アフリカの焼畑農耕民の近代化とはどんなものですか？

答え アフリカにおける農業の近代化政策の多くは、換金作物のモノカルチャーによる商業化や土地利用の集約化を中心とする西欧近代的な農業とその環境利用システムをモデルにしています。しかし、アフリカの焼畑農耕民が自然との相互作用のなかで育んできた農業は、それとは異質の非集約的な環境利用システムに根ざしていました。その特徴は、特定の範囲の土地に過大な負荷をかけることなく、薄く広く、多様な自然環境を利用することにあります。人々が重視するのは、一時的に多くの富を得ることではなく、長期的な生活の安定であり、経済的な格差が生じにくい社会的な仕組みが維持されてきました。本章で取りあげた事例は、異質な環境利用システムのはざまにありながらも、近代化政策を自分たちになじみの文脈で読みかえ、生活のなかに取りこんできた農耕民の近代化の姿です。

3章　狩猟採集民と焼畑農耕民
―― アカはなぜ畑を作ろうとしないのか

丹野　正

【要　約】

　アフリカの熱帯森林にはピグミー系の狩猟採集民とバントゥ系の焼畑農耕民が共存している。前者は後者の村びとと共生関係を築くことによって、何百年にもわたり「森の人」としての生活様式を保持してきた。しかし近年では、村びとの世界への諸商品と貨幣の浸透によって、かれらは「交換経済」という近代化の波にさらされている。それにともない「森の人」との物やサーヴィスの授受も従来の方式から「交換」へと考え方を転換しつつある。そこに両者の軋轢が生じ、村びとはかれらに自らの畑を作るよう迫るのだが、それはかれらにとって「森の人」としてのアイデンティティと生き方を放棄せよということを意味する。かれらはそれを拒否し、「森の人」であり続けようとしている。

【キーワード】「森の人」対「村の人」、共生関係、交換

はじめに——アフリカの森の人々

　本章では、アフリカの熱帯森林地帯に生活する狩猟採集民と焼畑農耕民との間の日常生活における経済社会関係について述べる。前者はピグミー系の人々で、森林地帯の北東部のイトゥリ地方のムブティ、北西部のアカおよびバカ、中央部のトゥワなどが代表的な集団である。かれらは熱帯森林の先住民族で、まさに野生の動植物の狩猟と採集によって生活してきた。後者は主としてバントゥ系の人々で、かれらの先祖は森林地帯の北西のサバンナ地帯で農耕を営んでいた。ニジェール川流域のサバンナ地帯は、東南アジアの熱帯森林および中近東のチグリス・ユーフラテス川流域とともに、農耕の起源地とされている。これらの地域で農耕が互いに独立に開始されたのは、およそ1万年前かその前後であったと考えられている。それ以前にすでに私たちホモ・サピエンスは全世界に分布を広げていたが、当時の人類はすべて狩猟採集生活者だった。私たちホモ・サピエンスに限ってもおよそ20万年の歴史をもっている。その長い歴史の最後の1万年前に至ってようやく、一部地域の人々が狩猟採集生活から農耕生活に転換したわけである。

　ちなみに、農耕つまり植物栽培による食料生産が始まる以前の、紀元前1万年の全世界の人口は約1,000万人、そして500年前の西暦1500年当時の全人口は3億5,000万人だったと推定されている (Lee and DeVore 1968)。それはコロンブスの時代、つまりヨーロッパの大航海の時代である。地球上の全人類が狩猟採集民だった時代の最後の時期から、ごく一部地域の人々が農耕を開始して以降約1万年の間に、世界の人口は35倍に増加した。その間に農耕生活者の地域は世界中に拡大し、狩猟採集生活者の地域は地球上の一部に縮小してしまった。

　その500年後の現在では、世界の人口は65億に達している。産業先進国の人々も石油や電気や機械類を食料としているわけではないから、世界各地で生産される農産物が65億人を支えているわけである。いまや、農牧地として食料生産が可能な地域は開発しつくされつつあり、熱帯アフリカ、東南アジアや南米の森林地帯も近年は急速に伐採されつつある。狩猟採集民の生活空間は急激に縮小し、開拓者たち（侵入者たち）の生活空間に転換していった。

100年前には存在した狩猟採集民の諸集団も大部分は地球上から消え去り、いまや最後の人々の火も消えようとしている。

　本章で取りあげるのは、アフリカの熱帯森林地帯の北西部に住むアカ・ピグミーの集団である。かれらは現在の中央アフリカの南西部とそこに隣接するコンゴ共和国北部、カメルーン南東部およびコンゴ（旧ザイール）のウバンギ川東岸沿いの一部に分布している。アカの分布域には、バントゥ系の焼畑農耕民の村々が点在している。かれら村びとは定住生活者で、村の周囲の森の一部を伐り開いて焼畑を作っている。

　東南アジアの熱帯森林で開発された農作物が紀元前のある時期にアフリカ東岸に伝播し、それらがさらに村びとたちの祖先の地である現在のカメルーンまで伝わった。もともとサバンナでの雑穀栽培を営んでいた人々は、バナナ、ヤムイモ、タロイモ、サトウキビといった東南アジア起源の作物を導入することによって急激に人口増大した。そしてかれらはこれら熱帯森林環境に適した作物を携えて、南の森林地帯に侵入し分布を広げていったのである。そこは先住民のピグミーの居住域であり、かれらは小さな居住集団ごとに森のなかを遊動しながらの狩猟生活を営んでいた。

　農耕民たちが多くの世代を通じて森林地帯に村の分布を広げていくなかで、村びとたちは各地のピグミーたちと出会い、接触をもつに至ったのであろう。それから現在まで、少なくとも1000年は経過していると思われる。その間の歴史は不明であるが、現在もピグミー諸集団は健在である。かれらの一部は村と畑を作って定住しているが、多くはいまも狩猟採集生活を続けている。

　ただし、農耕民との接触によって変化した要素もある。そのひとつはかれらの言語である。現在では、どの地域のピグミーもかれら固有の言語を消失してしまい、それぞれの地域に居住する農耕民諸部族の言語がかれらの母語となってしまっている。だから、同じムブティでありアカでありながら、農耕民部族間の境界を越えると、かれらの話す言葉が異なるという状況になっている。それだけ両者の接触関係は何世代もわたって継続し、かつ日常的な関係として続いてきたのであろう。現在では、農耕民との接触なしに単独で暮らし続けるピグミーの居住集団は存在しない。

もう一つはピグミーの生活様式の変化である。農耕民の村々は、広大な森林のなかに点々とごく疎らに散在している。ピグミーはおよそ10家族前後、50人前後からなる集団を作って生活している。こうした居住と暮らしを共にしている集団を、人類学用語では居住集団（バンド）と呼ぶ。各バンドはあるキャンプにしばらく滞在したのちに次のキャンプへと移動する。キャンプは恒常的に設営されているわけではないので、移動先の適当な場所を選んでキャンプ地とし、森の下生えを切り払った円形の空間の周囲に、家族ごとの小屋をつくる。かつては、かれらはこのようにして森のなかでの遊動生活を営んでいたはずである。しかし現在では、それぞれのバンドは接触を保ってきた一つの村の近くにメインキャンプを構えており、年間のかなりの期間をこの「村のキャンプ」で暮らしている。そしてこの村のキャンプと何ヵ所かの「森のキャンプ」との間の移動を繰り返しながら生活している。

1.「村の人」と「森の人」

　アカが森のキャンプに滞在している間はまさに狩猟採集の生活であり、村のキャンプでもときどきは狩猟と採集にでかける。しかし、村のキャンプに滞在する間は、かれらの活動はむしろ村びとの仕事の手伝いが主になっている。村のキャンプは、まさに村のすぐ横に隣接して作るバンドもあれば、村の周囲の畑がとぎれた地点に、2〜3kmの距離をおいて作るバンドもある。いずれにせよかれらは頻繁に（あるいは毎日のように）村を訪れ、村びとたちの求めに応じてかれらの畑づくりや様々な仕事を手伝い、そして村びとが必要とする種々の森の産物を提供する。それに対して村びとは、かれらに食事や酒をふるまったり、畑の作物や古着、古鍋、槍の穂先や使い古した山刀といった鉄製品などを与えている。

　農耕民の村とピグミーのバンドは相互にこうした関係を取り結んでおり、大きな村は複数のバンドをかかえている場合もある。さらに両者は、村とバンドの対応のみでなく、個人または家族ごとの対応関係も結んでいる。村の男とその妻は、それぞれにバンドのなかの特定の男とその妻をいわば〈自分のピグミー〉としており、村びとは彼・彼女を自分の子どものようなものだと言い、ピグミーはこうした村びとに"父"や"母"と呼びかける。村びとと

ピグミーは決して対等の関係ではなく、村びとの側は主従のような関係だと考えている。

　村びとは自分たちのことをバトゥ（BatuまたはBantu：複数形）と呼び、タンノ（私）は日本のムトゥ（MtuまたはMntu：単数形）だと言う。しかし、かれらはアカをバトゥには含めない。かれらはバトゥではない、バンベンガ（Bambenga）だと言う。ある村で男たちと会話していたとき、私はふと「ここに何人の人（Batu）がいるのかな」と尋ねた。村びとの1人が「10人だ」と言う。私は周りを見てから「13人だろ？」と言うと、かれはもう一度見渡してから、やはり10人だと言う。私がけげんな顔をすると、かれは私のマチガイに気づき、「おまえはかれらも一緒に数えているな。かれらはバンベンガであってバトゥではないんだよ」と言ったのだった。私には、かれら3人が村びとではなくアカであることはわかっていた。ただ、私の頭のなかでは、ムトゥ–バトゥ（Mtu-Batu）は日本語の「ひと」なのだった。だから、ムトゥ–バトゥを「ひと」と訳してしまうと、村びとの考えによればアカは「ひとではない」ことになる。実際にも村びとはアカを自分たちと同じ存在とは思わず、異なる存在と見なしている。

　村びとの考えでは、自分たちは村を作り、しっかりした家を建て、定住生活をし、畑を作り作物を栽培し、自ら食糧を生産する。様々な道具類（つまり物質文化）を製作し、料理をして食べる。つまり文化的存在なのである。それに対してアカたちは、村も家も作らず、畑を作らず、作物を育てることもなく、ろくに道具も作らず、森の中を動きまわって暮らし、料理も知らない、森の動物のようなものだ、ということになる。そして村びとは私に次のように質問する。タンノ、おまえはかれらのところで暮らしているが、何を食べているのか？　私はかれらに作ってもらったかれらのと同じ小屋に寝て、かれらの食べ物を分けてもらって食べている、かれらも上手に料理している、と答える。すると村びとは、かれらは料理を知らぬ、あんなものは料理とは言えない、我々は絶対かれらの食べ物は口にしない、と言う。

　事実、村びとはアカから獲物の肉や森の様々な食物を生の状態で受け取り、また燻製肉は受け取って、それらを自分たちの手で料理するが、かれらが料理した食物は受け取らない。村びとの料理もアカの料理も、実際には食材も調理法や調味料もほぼ同じなのである。だから私は村びとに、かれらの食べ

物はおいしいよ、と言うのだが、村びとはがんとして否定する。

　アカもまた、自分たちと村びとは異なる存在だと考えている。かれらは村びとを「村のBatu」と言い、自分たちは「森のBatu」だと言う。これらを以下では「村の人」と「森の人」と書くことにする。もちろんかれらは村びとが自分たちをさげすんでいることを重々承知している。「森の人」は、決して自らを卑下した言葉ではないし、「村の人」には尊敬の念はこもっていない。むしろ逆に、「村の人」は変な、変った人々なのであり、「森の人」には、自負心がこもっている。

　1983年、85年と87年にアカの分布の広域調査を行った際に、私は農耕民のあちこちの村で次のような質問を受けた。村びとはアカをバンベンガと呼ぶのだが、「日本のバンベンガはどんな暮らしをしているのか？」とか、「日本のバンベンガはどんな動物を獲っているのか？」といった質問である。私が「日本にはバンベンガはいないよ」と答えると、かれらはけげんな顔をし、「ではヨーロッパのバンベンガは？」と尋ねる。「ヨーロッパにもいない」と私。村びとたちだけでなく、アカたちからも同様の質問を受けた。また、70年代に旧ザイールの東北部で調査をした際にも、そこの村びとたちやムブティも私に同じ質問をしていた。

　要するに、かれらは世界観として、どこにでも「村の人」と「森の人」、つまり定住して農耕を営む人々と、遊動しながら狩猟採集生活をする人々という、いわば2種類の人間がいるものだと考えているのである。かれらはヨーロッパ人を見知っており、私を通して日本人なる者を知った。これらはヨーロッパや日本のいわば「村の人」である。とすると、これらの地域の「森の人」または遊動の民はどうしているのか、いまはどうなっているのか？　いないって？　ではかれらはどうなってしまったのか？　どこへ消えたのか？　と村びともアカたちも考えるのである。

2.「村のキャンプ」での日常生活

　現在のアカと村びととの関係の様相は前述の通りである。両者は、とくにアカが村のキャンプにいる間は日常的に接触しているが、かれらはそれぞれに自分たちと相手をまったく異なる存在と考え、対応している。一部のアカ

3章　狩猟採集民と焼畑農耕民　65

はかれら自身の村を作って定住化し、小さな畑も作っている。ただかれらの村と家は粗末な作りで、一見してアカの村とわかるし、村びとはあれはバンベンガの村だと言う。しかし、大部分のアカは村のキャンプと森のキャンプの間を移動しながら暮らし、自らの畑は作ろうとしない。既述のように両者は何百年にもわたり何10世代あるいはそれ以上接触を続けてきたにもかかわらずである。アカのバンドのなかには、1年の大半を村のキャンプで過ごすバンドもある。

　どのバンドも村のキャンプでは、主として村びとの畑づくりや畑仕事などの手伝いをし、その見返りに畑の作物をもらって、食料の大半を畑の作物に依存して生活する。村びとは古くなった畑を放棄し、雨季のはじめに新たな畑を作る。まず森の一画の下生えを切り払い、幹の細い木から順次太い木を切り倒して数10メートル四方の空間を作る。切り払われた植物が乾燥したところで火をつけ、焼き払う。そのあとにキャッサバやバナナ、ヤムイモ、タロイモなどを植え付ける。村びとはこれらの仕事の手伝いをアカに頼むのである。アカは自分の山刀や小さな斧を使って下生えや細い木を切る。かれらの山刀や斧の刃は、以前に村びとから貰ったものである。太い木を切り倒すための大きな斧は、村びとの持ち物である。多くの場合は村びと自身もアカとともに仕事をするが、なかには、現場でアカに指図だけをして、かれらに仕事をまかせて村に帰る者もいる。村びとはまえもってアカを家に呼び、酒を飲ませたり食事を提供する。仕事は朝から昼までで、アカは帰りには畑の作物を貰ってキャンプに戻る。また、見返りに村びとの使い古した鍋や山刀や古着などの提供も受ける。アカの男は村びとの男の伐採作業を手伝い、女は村びとの女の下生え切りや植え付け作業を手伝う。女性はその後の畑の除草や、作物の収穫と村への運搬作業、水汲みや薪運びといった村の女の仕事を手伝い、男性は村の男の種々の仕事を手伝う。例えば家の建材の切り出しや、家の骨組み作り、大きな葉を大量に森から採取してきて、屋根を葺き、泥壁を塗る、などである。

　アカが村のキャンプから日帰りで狩猟に行き、予期したより多くの獲物がとれた場合には、肉の一部をパートナーの村の男に持参する者もいる。さらに、季節ごとに森で採取した蜂蜜やきのこ類、食用の昆虫の幼虫なども村び

とに提供する。

　アカのキャンプでは、狩猟で得た獲物の肉も、女性たちが採集してきた種々の植物性の食物や昆虫の幼虫などの食用小動物も、すべて家族間で分配される。集団猟である網猟や、数人の男性が連れ立っての槍猟や、個々人によるはね罠猟でも、かれらの間の「たてまえ」では獲物はそれを仕留めた当人のものである。または、AがBの狩猟具を用いて狩猟した場合には、その獲物はAではなく狩猟具の持ち主であるBのものになる。とは言え、キャンプで解体された獲物は、家族の数だけの肉塊に切り分けられ、それぞれの家族に分配される。当日の狩猟に加わらなかった家族にも、キャンプ内に小屋を作ってもらって滞在している私にも、それは配られる。女性による採集物もまた、当日キャンプに残っていた女性たちに分けられる。さらに、村びとの仕事の手伝いに行き、畑の作物を得てきた者たちは、その一部をキャンプで過ごしていた女性に分け与える。こうしてどの家族も同じ食材を得る。女性たちは各自の小屋の前の焚き火でそれらを料理し、家族ごとに焚き火を囲んで食事をすることになる。しかし、よく見ていると、それぞれの女性はできあがった料理を一部ずつ大きな葉に盛り、それを子どもにもたせてあちらの小屋こちらの小屋へと届けさせている。そのため、当の家族の口にはいる分量は料理の一部分に過ぎない。とは言え、どの女性も同様に行うので、代わりに何人もの女性から料理が届き、結果としてどの家族も十分な食事を取ることになる。

　アカのキャンプでのこうした二重の分かち合いは、私に対しても行われた。私は滞在のはじめのころ、かれらの親切に対してそのたびに「ありがとう」と言っていた。1日のうちに私は何回「ありがとう」を繰り返したのかわからない。数日後、キャンプ内の最年長の男が私に、いちいちありがとうと言うな、と注意した。おまえは我々に毎日タバコをくれ、ときどき女たちに塩をくれるが、我々はおまえにありがとうと言うか？　誰も言わない。おまえは我々から物をもらい、水を汲んできてもらうなどなど、そのたびにありがとうと言う。もうこれからは言うな。我々はあげて当然、もらって当然なのだから。私は、わかった、これからは言わない、と応えた。しかしそのあとすぐに、薪とりから戻った女性たちが数本を私の焚き火の前に落して行っ

たので、またもやついありがとうと言ってしまった。そして彼の方を振り向くと、かれは笑いながら私を見ていたのだった。

　アカが村のキャンプに滞在しているとき、アカと村びとの間でも前述のように様々な物やサーヴィスの授受が繰り返される。いわば主従関係にある村びととアカの間では、前者は後者に気前よくふるまい、その代わりに様々な仕事(の手伝い)を頼む。また既述のように後者も前者に自らすすんで森の産物を提供する。ただし、大きな村の場合、こうした持続的な関係にあるアカをもたない村びとたちもいる。かれらは必要に応じて、村を訪れているアカを呼びとめて仕事を頼むか、またはアカのキャンプを訪れて誰かに仕事を依頼していた。このような場合にも、村びとは事前や事後にヤシ酒や食事をふるまい、畑の作物その他の品物を提供していた。

　しかしその一方では、明らかに交換を意図してアカのキャンプを訪れる村びともいる。かれらはタバコまたは塩、少量の大麻、あるいは葉に包んで料理した主食の一種や畑の作物を持参して、これらと肉を交換する者はいないか、これこれの束の屋根葺き用の葉を採集してくる者はいないか、などと交渉していた。かれらはその際に交換割合を明確に提示し、自分の物はできるだけ少なく、相手の物はできるだけ多く得ようとしていた。しかしその反対の交渉例、すなわちアカが自分たちの物(例えば肉)を村にもって行き、それを村びとの何かと交換しようとした例は一度も見られなかった。

3. 畑の作物をめぐるアカと村びとのトラブル

　村のキャンプに滞在中は、アカはときどき狩猟や採集に行っているとは言え、主食となる植物性食物の大半は畑の作物に依存している。かれらはそれらを村びととの上述のような相互行為と相互関係を介して得ているのだが、その一方で、ときおり村びとの畑から直接取ってくることもある。例えば次のような事例である。男女共同の集団猟である網猟から帰る途中、森を歩いているうちに畑に行き当たる。それが村びとの誰の畑なのかは、かれらは承知しているはずである。人気がないのを確かめると、女たち(男も)は籠を置いて畑に入り、バナナやキャッサバなどの一部を取ってきて、籠に入れてその上を下生えの葉で覆い、キャンプに戻る。

翌朝、畑の持ち主は畑のバナナの大きな房の先が切り取られ、キャッサバの根元が掘られ、何人もの足跡が森と畑の間にあるのを目にして、キャンプに怒鳴り込んでくる。アカたちは素知らぬ顔をしてあらぬ方を向いており、このような場合バンドの最年長の男が対応することになる。それをやったのは自分たちではないとかれは何とか言い逃れようとするが、最後は結局謝ることになる。村びとは、二度と盗みはするな、畑の食べ物が欲しいときには黙って盗らずに直接我々に言いに来い、とかれらを諭したうえで帰ろうとしたが、私と視線が合ってしまった。するとこんどは私を怒り出した。私も一緒にいたことはわかっていると言い、「タンノ、おまえは泥棒に食わせてもらっているのだぞ」、というわけである。私もまた「あの畑はかれらの畑だと思っていた」などと言い逃れしようとしたが、かれらが自らの畑を作らないことはおまえ自身とっくに知っているはずだ、と反論される。その上、かれらはおまえのバンベンガなのだから、おまえがかれらを教育しろと言う。とんでもない、かれらはあなたの村のバンベンガであって、私はここに居させてもらっているだけだ、と私はむだな抗弁をする。さらに私に対してかれは、おまえも畑の食べ物が欲しいときには、かれらからもらうのではなく、我々のところに買いに来い。我々から買ってかれらに与えろ。そうすればかれらも盗まずにすむ、とまで言ったのだった。

　畑の主が立ち去ったあとで、かれらは村びとへの忿懣(ふんまん)を互いにリンガラ語(広域の部族間共通語)で言いつのった。それは一緒に怒られた私にも理解できるようにという配慮だったのであろう。かれらの考えはこうである。あの畑は俺の畑だとあの村びとは言うが、実際に木々の切り払いをはじめ何もかもやってあの畑を作ったのは誰か、我々ではないか。だからその畑の作物が稔ったら、少しぐらいは取ってもいいはずだ。実際取ったのはほんの少しだぞ。なのにかれは、あれは俺の畑で作物も俺のものだ、それをおまえたちが取るのは盗みでなくて何であるか、まさに盗みだ、と言う。どっちがいったい間違っているのか。ただし、かれらがこのように村びとに直接抗弁することはない。村びとに通じる話ではないことをかれらは重々承知しているからである。

　翌日私は村に行って、かれらの考えを村びとたちに伝えたが、次のように反論された。我々が畑をつくるときにアカたちに手伝ってもらうのは事実そ

の通りである。しかし、我々はその手伝いに対して、事前にそしてその日ごとに、また事後にもかれらに食事や酒を与え、また畑の作物やかれらの欲する古着や古鍋や山刀などなどを見返りに与えている。かれらの手伝いに対して我々はそのつどお返しはしているのだ。だから、できあがった畑は我々の畑であってかれらの畑ではもちろんないし、我々とかれらの共同の畑でもない。その後の植え付けや除草などもかれらに手伝ってもらうとは言え、そのつど同様にお返しをしているのだから、畑で稔る作物も我々のものである。にもかかわらずかれらはこっそり取っていく。タンノ、これは盗みではないのか。

さらに村びとは次のようにたたみかけた。我々はかれらにいつも畑の作物を分け与えている。かれらが畑の食べ物が欲しいときには、直接言いに来ればよいのだ。かれらがそのように頼んだときに、我々はこれまで拒否したことがあったか。ない。なのになぜかれらは黙って盗んでしまうのか。

私はキャンプに戻って、村びとの見解をアカに伝えた。かれらは、畑づくりにあたって村びとが飲食や様々な物を提供してくれたのは確かにその通りだと認めた。しかし、あの畑やこの畑を実際に作ったのは誰なのか、と最年長のカピタはみんなに問いかける。我々だ、と全員が答える。ならば我々の行為は盗みなのか。いや、盗みではない。ではどうして我々が作った畑の作物を、しかもちょっとだけ取ってくることが非難されるのか。そうだ、かれらのほうがおかしいのだ。村びとのいない場面で、異邦人の私にせめて訴えたいと思ったから、かれらはリンガラ語でこうした会話をしたのであろう。

4. なぜ自分たちの畑を作ろうとしないのか

このようなトラブルは、アカ（やムブティ）と村びととの間でおそらく何世代にもわたって繰り返されてきたのであろう。私はつい最近までそう考えてきた。だが、本当にそうなのだろうか？

双方の見解は上述の通りであり、村びとは自らの見解を直接アカに表明し、非はアカにあると主張する。他方のアカは、自分たちの考えが村びとに通じるはずのないことを身にしみてわかっているが、だからといって自らの考え方を改め、村びとの考え方を採用しようという気配はない。実際、こう

したトラブルが起こるたびに、村びとがかれらに最後に言うのは「おまえたち自身の畑を作れ」、である。おまえたちは我々の畑づくりの手伝いを通して、畑作りのすべてをとっくに知っているではないか。それなのにどうして自分たち自身の畑を作ろうとしないのか。それに対するかれらの言外の（つまり私への）回答は、以下の通りである。我々は森の人であり、森には食べ物が豊富にある。かれらは村の人であり、畑を作る人々である。かれらが畑作りを手伝ってくれと頼むから、我々は作ってやる（または一緒に作る、手伝う）。しかし、我々が自分たちのためになぜ畑を作らねばならぬのか。その理由・必要はない。

こうして両者の対立が険悪化してしまうと、村びとはアカに「どこかに行ってしまえ。二度とこの村には来るな」と言い、アカは「あー、二度と戻ってくるものか」と宣言して、翌朝には村のキャンプを引き払って森に移動するといった事態も生じる。ただしこうした場合でも、森のキャンプにしばらく滞在してほとぼりが冷めると、かれらはなにごともなかったかのごとく村のキャンプに戻るし、村びとたちもなぜ戻ってきたなどとは言わないようである。

村びとのなかには稀ではあるが、上述のアカの見解に対応するように、次のように私に語った者もいた。実際に畑作りをするのはかれらなのだから、そしてどうせかれらは畑から作物の一部を取っていくのだから、かれらの手伝いに対して気前よくふるまい、その代わりにより大きな畑を作らせればよいのだ。できた大きな畑の一部はかれらの畑だと思っていれば、かれらが盗んだといちいち目くじらをたてる必要はない、と。おそらく、かつては村びとの多くはこのように対処していたのだろうと思われる。

5. 村びとの世界への近代化の波

既述のように、両者は何百年にもわたって接触を保ってきたはずである。その間に何世代も何十世代にもわたって、上に見たようなそれぞれの考え方が変化することなく現在に至ったのだとしたら、村びととアカはまさに何百年間もこうしたトラブルをえんえんと繰り返してきたことになる。しかし、これが両者の現実の歴史だったとは、私には思えないのである。しかもアカはいまだに自らの畑を作ることを拒否している。アカの上述のような考え方

は、古くから一貫して持続してきたものと考えざるをえない。だとすると、変化が生じたとしたら、それは村びとたちの思考様式のほうに徐々に生じたのではないか、と私は考えるに至ったのである。つまり、植民地時代以降、村びとの世界に交換経済が浸透し、外部世界からもたらされる様々な品物(商品)とともに貨幣経済に巻きこまれ、その比重はますます大きくなりつつある。かれらが外部の商品と交換し貨幣と交換するための品物、つまりかれらにとっての商品は、主として畑の作物であり、新たに栽培し始めたコーヒーなどの換金作物である。さらに、村びとは国への税金も納めなければならない。

　すなわち、アフリカの森林地帯の焼畑農耕民社会にも、近代化の波が浸透してきているのである。それにつれて、かれらにも物の所有の観念と、所有物の相互のやりとりは交換によるべきであるという考え方が浸透してきている。とともに、上述した村びとのように鷹揚にかまえる者は少なくなり、自分たちとアカとの間にもけじめを求める村びとが多くなったのである。他方のアカは、現在も交換や貨幣とは無縁の生活を続けている。自分たち自身の間での分かち合いという考え方を、村びととの間にも適用しようとし、あるいは贈与・贈答、すなわちあげたりもらったりの関係を維持しようとしている。そのため、村びととアカの間にはいつからか齟齬が生じ始め、トラブルが表面化することが多くなってきたのだと考えられる。

　ただし現在でも、トラブルの末にアカのバンドがその村を去ってしまい、別の村と関係を結んで戻ってこなくなると、アカのみでなく村びとたちからも、あの村の住民はケチだからアカが寄りつかないのだと噂される。だから村びと側も、アカのバンドとの関係が切れてしまうその手前でトラブルを終息しようとし、かれらが村のキャンプに再び戻ることを黙認するのである。

おわりに──定住の拒否：移動の自由

　ここであらためて、アカはなぜ自分たち自身の畑を作ろうとしないのかを考えてみよう。村びとが言うように、かれらは畑作りのノウハウも技術もすべて知っている。しかもかれらは、何世代にもわたって村びとの畑作りを手伝い、手伝いという形態をとってではあるが畑作りを実際に行ってきた。「おまえたち自身の畑を作れ」という村びとの主張に対するアカの回答は、上述

の通りである。かれらはその必要・理由はないと言う。村のキャンプでは、かれらは畑の作物に大きく依存しているし、畑の作物がいずれもおいしい食物であることを誰もが認めている。にもかかわらず、自分たち自身の畑を作ることは、拒否し続けている。

アカのなかには、既述のように1年の大半を村のキャンプで過ごしているバンドも存在する。そうしたバンドでさえも、自分たちの畑を作ろうとはしない。かれらが拒否する理由としてあげるのは、「我々は森の人であり、森には食べ物が豊かにあるのだから」である。しかし、だからと言って、森のなかで年間を通じて狩猟採集生活を続けるバンドは存在しないし、かれらが村びととのトラブルの末に森に移動しても、いつかはもとの村または別の村に戻る。ということは、換言すれば、アカは現在のまたはこれまでの状況を良しとし、村びととの関係を含めて従来の暮らし方を維持したい、と考えているのである。

アカにとって従来の暮らし方の基本は、村びととの共生関係である。それは、かれらがほんの数世代前から選択した道ではなくて、むしろはるか昔から続けてきた既定のものである。まさに世界には自分たち森の人間と村の人間が存在し、それぞれが無関係に別々の生活世界に生きるのではなく、両者が一つの生活世界のなかで共存してきた。両者の長年にわたる共存は、必ずしも森の人の村びとへの転化—つまり狩猟採集民の農耕民化—に至るとは限らない。狩猟採集民が農耕民と接触し、農耕を知れば、自然にまたは必然的に農耕民に切りかわるはずだというのは、農耕社会の人々を含めて我々の先入観にすぎない。

村びとたちもまた、世界はバトゥすなわち村の人間と、バンベンガすなわち森の人・遊動の民からなると考えてきた。両者はまったく異なる存在だと考えながら、村びともまた両者が一つの生活世界のなかに共存していることを既定の事実としてきた。両者の共存関係の様相はすでに述べた通りである。私たちはこの関係に「共生関係」という言葉も用いてきた。こうした共存関係に生きてきたその村びとたちが、他方では相手も農耕民化することを昔から望んできたのだろうか。つまり、「おまえたち自身の畑を作れ」という村びとからアカへの主張は、何百年もの間えんえんとかれらが言い続けてきた

主張なのだろうか。村びとやアカやムブティにこうした歴史的プロセスに関する質問をしても、答えが得られるはずはない。そこで推測するしかないのだが、私にはこれが何百年来の主張だったとは思えないのである。比較的近年になって村びとたちが主張しだしたものと考えられる。と言っても、それが50年前からか100年前からかはわからないのだが。

　かつてと同じ物あるいは同じことがらを見ていても、かつてとは違う視点から違う考え方のもとで見れば、それは違って見えてくる。同じ行為がかつてとは違う意味合いをおびてくる。アフリカの広大な森林地帯に点在する村々にも、物流と交換経済が浸透し、外部世界とのつながりが強まり、村びとの生活と思考に近代化の波が浸透するにつれ、村びとたちの世界も変わり、世界を見る視点も考え方も変わらざるをえない。アカたちの存在、そして自分たちとアカとの関係も従来とは違う意味合いをおびて見えるようになる。変わりつつある自分たち村びとから見れば、相変わらずで変わろうとしないかれらアカは、関係を絶ち切るわけにもいかず、他方ではときどき不都合な存在になる、やっかいで困った人々になってきたのであろう。あえてアカの側に立って見れば、自分たちは変わらず、変わるべき理由もない、変わったのはあなたたち村びとの方であり、しかも口やかましい存在に変わり、我々にまで変わることを要求しだした、困った人たちだ、といったところであろう。

　アカは、畑作りと畑仕事を拒否しているのではない。現にやっている。村びとからおまえたちは畑を作ろうとしないととがめられれば、俺たちも作っていると言う。しかし村びとは、それは俺たちの畑であって、おまえたちはそれを手伝っているだけだ、と反論する。アカだって、自分の畑を作っているつもりではない。手伝っている、村びとの代わりにやっているのである。その上さらに自分自身の畑を作る必要性を、かれらはいままでのところ認めないのである。かれらは、いつでも森に移動し、森での生活に切り換えることができるという自由を確保してきた。その意味で、かれらは村びとに決して隷属しているのではない。現に1年の大半を村のキャンプで過ごしていようと、これらのバンドも行こうと思えばいつでも森に行くことは自由である。村びとがそれを阻止することはできない。村びともそれを承知している。この自由を縛りうるものはない。唯一あるのは、自分たち自身の畑という存在

であろう。

　自らの畑を作ることは、その畑を自ら維持することでもある。ときおりの作物の手入れや除草だけではない。毎日のごとく虫や鳥獣から守る必要がある。つまり、自らの畑を作り維持することは、定住を意味する。それは森の生活を断念することであり、いつでも森に行くことができるという自由を、自分たち自身で放棄することである。定住生活は農耕民として生まれ育った者にとってはごく自然で当然の状態であるのだが、それはかれらにとっては、「森の人」としてのこれまでの存在様式の放棄をともなう大転換を意味する。かれら森の人にとっては、畑を作って定住する「村の人」の生活は決してよい生活ではないのである。かれらは農耕も定住生活もその詳細まで承知しており、その上でなおかつ、かれらはその道を取らずに「森の人」の道を取り続けてきたのである。

【参考文献】
市川光雄　1982『森の狩猟民』人文書院
丹野正　1991「〈分かち合い〉としての〈分配〉―アカ・ピグミー社会の基本的性格―」田中二郎・掛谷誠編『ヒトの自然誌』平凡社
―――　2005「シェアリング、贈与、交換―共同体、親交関係、社会」『弘前大学大学院地域社会研究科年報』第1号
Lee, R.B. and I. DeVore, 1968, Problems in the Study of Hunter-Gatherers. In: Lee and DeVore (eds.) Man the Hunter. Aldine Publishing Co Ltd.

【キーワード】
「森の人」対「村の人」：これはピグミーの側からの表現で、森を父母と呼び、多様で豊かな食物に満ちた森に依存して遊動生活する自分たちは森の人であり、森を切り開き畑を作って定住する農耕民を村の人と呼ぶ。
共生関係：両者は互いに自他をまったく異なる存在だと考えながらも、ピグミーは村びとの様々な仕事を手伝い、森の多様な産物を提供し、他方の村びとは畑の作物や種々の生活用具をピグミーに与え、決して対等ではないのだが親和的な関係を結んでいる。
交換：自他の互いに異なる品物（所有物）を見くらべながら交渉し、ある割合でもって両者が合意したときにそれらをやりとりし、どちらも自分の損だと思えば拒否することができるのが交換である。村びととピグミーの間での物の授受はこのような形態をとらない。村びとは自分の物（所有物）を与え、ピグミーの物を貰うのであって、互いにこうした関係に結ばれていると考えている。ピグミーはむしろ、物を与え・貰うというよりも、互いに物を分かち合うという自分たちの間の関係の拡張と考えている。

【Q&A】

質問 村びとはすでにお金を使用しているんでしょ。村びととピグミーの間では物の売り買いはしないんですか。

答え 東方のムブティ・ピグミーはすでにお金を知っていて、売り買いもしています。でも西方のアカ・ピグミーは、町から遠く離れた村と結びついている数グループを調査したのですが、かれらはお金というものを知りませんでした。かれらには例えば自分の肉塊を村びとのバナナと「交換する」という考え方を持ちません。まさに「あげたり・もらったり」の物のやりとりなのです。村びともアカにお金でお返しをすることはありません。そもそもアカには数詞で数をかぞえる習慣がないのです。肉塊の大小やどちらのバナナが多いかはもちろんわかるけど、物のやりとりは交換でという考え方をとらないので、肉とバナナという違う物の間の割合とか損得をくらべるという習慣をもっていないのです。

II
ハイモダニティ

アトピー、恋愛、ホームレス

4章　医療化と脱医療化

作道　信介

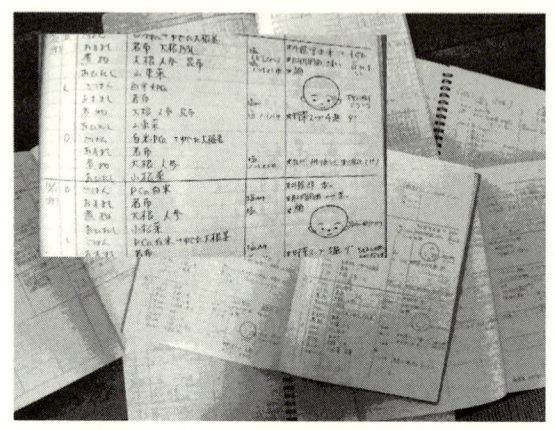

アトピーの子どもをもつ母親がつけていた食事日誌。左側に毎日の食事、右側の子どもの顔絵に湿疹が出た場所をつける。両者の対応からアレルゲン（原因物質）を割り出そうとする。

【要　約】

　病気にかかったとき、私たちがとる対処は、現代医療から民間療法まで意外に多様である。本章ではまず、私たちが病気と治療の多元的現実のなかにいることを、大学生の病気対処や沖縄の二重治療システムの事例で確認しよう。次に、医療化はその多元的な現実を医療中心に一元化しようとする働きかけであること、その一方で、医療化は脱医療化をともなうことを説明する。そこでは、アトピーの子どもをもつ母親の語りが紹介される。最後に、医療化のなか、病者の経験に接近する重要性を考える。そして、様々な知識や情報が流通するなかで、病気や健康と等身大に向きあうことの重要性を指摘した。

【キーワード】 多元的現実、医療化・脱医療化

はじめに

　病気になったとき、私たちはどのように対処しているだろうか。私たちはまっさきに医療を考えるが、実際には日常生活の不調の多くは自家治療や医療以外の身近な対処によってすまされている。薬草や漢方治療、占いを行うシャーマンなど、伝統的と言われる治療もいぜんと人気が高く、サプリメントや各種健康食品はさらに身近である。市場調査会社富士経済によれば健康志向食品の市場規模は1兆円以上にのぼるとのことである[1]。深刻な病気や慢性病においては、標準的な医療とは別の代替医療への依存も日常的に行われている。

　私たちは医療を依りどころにしながらも、それ以外の対処にも多くを頼る、病気の多元的現実を生きている。その背景には「医療化・脱医療化」という現象がある。医療化とは医療のもつ権限の拡大と医療知識の普及という特色をもち、医療の論理や価値、方法が日常生活の優勢な現実を構成する現象である。その反面、医療化の進展は医療化自体を妨げ、病者による多様な対処を生みだす脱医療化をともなう。

　本章では、「沖縄の二重治療システム」「日本のアトピー現象」という事例から、「治療の多元的現実」、「医療化・脱医療化」を理解することを目的とする。

1. 重なり合う現実

1　実　態

　筆者は弘前大学の新入生・在校生672人（607人が新入生）に、1か月以内に体験した不調を想起してもらう質問紙調査を行った（作道 2007）。何らかの不調を経験した者は全体の65％、そのうち、病院や学内の保健管理センターにかかった人は16％に過ぎず、ほとんどの学生は自分自身の対応―「自家治療」―で対処した

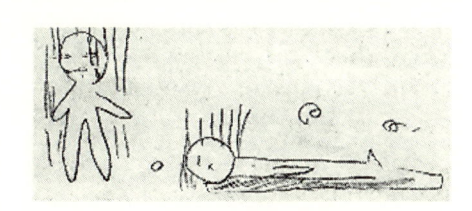

図4-1　学生が表現した「だるい」

---

[1] https://www.fuji-keizai.co.jp/market/06083.html

ことがわかっている[2]。

　安保・大橋 (1995) は「健康日記帳」を用いた調査で、日常生活の病気エピソードへの対処を把握した。一家のキーパーソンである主婦に毎日家族の健康状態について記録をとってもらったのである。417世帯を対象にした広範囲な対象者への調査では、病気エピソードのうち、医療にかかったのは17.8％に過ぎず、自家治療のみが61.7％であった。さらに、安保・大橋は、「保健行動の動向調査」を青森県津軽地域、宮城県、沖縄県で、計248人の主婦を対象に行った。注目すべきは薬草使用で、全地域とも60％を越えていた。用いられた薬草のベスト3は、ドクダミ（健康増進、皮膚、糖尿病、蓄膿症に効果）、アマチャヅル（健康増進、胃腸、血圧、便秘、糖尿病）、センブリ（飲み過ぎ）である。また、シャーマンにかかった経験も3地域とも10％を越え、とくに津軽地域は19.4％でもっとも多い[3]（大橋 2004）。

2　多元的現実

　これらの調査は、私たちが医療だけではなく、自家治療や薬草、カミサマといった伝統的な治療者（エージェント）にも頼っている実態を教えてくれる。

---

[2] 主な症状を見ると、喉・頭・鼻・熱や腹痛（胃痛）で、いわゆる"カゼ"や"はらいた"である。これらの症状には、「大丈夫かと思った3日前のピザを食べた」「アルバイトのお金で大食い」(腹痛)、「久しぶりにバレーボールをやって関節が痛くなった」「部活の筋トレ」(筋肉・関節痛)、「飲み過ぎ」「2日酔い」(吐き気)、「食事をとっていません」「試験が続いて寝ていません」(めまい、ふらつき)、「大学入学と同時にコンタクトをしたが、コンタクトがあわなくて目が腫れた」といった下宿やアパートで大学生活を始めた新入生の苦闘がしのばれる回答もある。また、「ストレス」「落ち込み」といった心理的な悩みを訴える学生もいる。対処は多い順に「早く寝た」「栄養ある物（詳細不明）を食べた」といった「休養・養生」、「喉が痛いのでうがい」といった症状への個別対応、手持ちの売薬（「正露丸」「パブロン」）による対処である。なかには、ショウガやニンニクを入れた食事をするという伝統的な配慮をした学生もいた。

[3] 津軽では「カミサマ」、沖縄では「ユタ」とよばれる。カミサマとは「クライエント（依頼者）の依頼を受けて、瞬間的に凝心して神仏の心意を聞いたり判断して、これをクライエントに伝えるシャーマン」（大橋 2004 p.65）である。池上 (1987) の調査によれば、青森県津軽地域には推定100名をくだらないカミサマがいるという。ある集落での調査（対象者132人、うち有効回答114人）では、対象者の42.1％がカミサマに行ったことがあると答えている。相談内容は自分や家族の健康、家族の人間関係、家族の恋愛・結婚、家族の学業・進路、家計・経済、子授け・安産で、相談者個人よりも家族の問題でかかっている。また、カミサマの判断を信じる人は、「信じる」(14.9％) と「半分くらい」(42.1％) をあわせて、57％と過半数である（以上、池上 1987、pp.67-69、図7-11）。

それぞれの対処は「やれば治る」式の経験的な対処から、漢方や現代医学の断片的な知識まで幅広いが、体系化されてはいない。しかし、それは"野の理論"というべき説明や解釈のレパートリーを備えている。私たちは様々なエージェントと出会い、言葉を交しながら、「病気とは何か」という現実定義を模索している。そのとき、私たちは、病気についてのたった一つの現実ではなく、「重なり合う現実」のなかに生きていると言える。この見方は病気と治療の多元的現実論と呼ばれている（クラインマン 1992）。

　エージェントにはまず、家族や親族、友人・知人、経験者など身近な人々がいる。医療専門家としては、医師、看護師、ケースワーカー、カウンセラー、理学療法士、薬剤師などのスタッフもエージェントである。場合によっては、付添の人からもちょっとした助言をもらうこともあろう。医療専門家以外では、鍼灸師、薬局の店員、健康食品販売員、薬草売り、シャーマン、各種民間治療の施術者、なども重要なエージェントである。多元的現実は、エージェントによって、現代医療を中心とした専門職セクター、伝統的な治療者による民俗セクター、セルフケア（自家治療）中心の民間セクターに分けることができる。

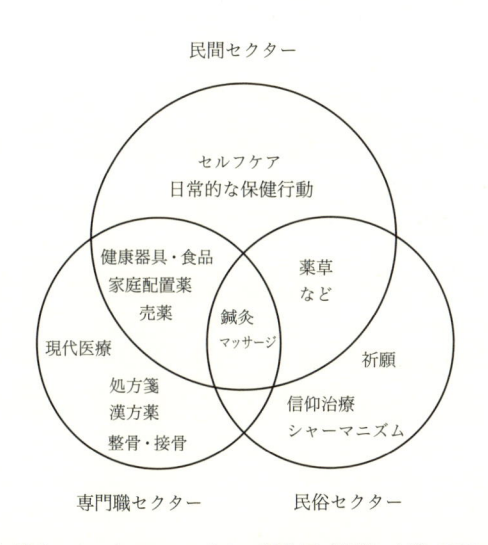

日本におけるヘルスケア・システムの概念図（安保・大橋 1995、一部改変）

図4-2　重なり合う現実

次の例はある学生が小学校時代の思い出を語ったエピソードである。セクターやエージェントが明確に書き分けられている。

「ウオノメと千羽鶴」
　以前、足に腫れ物ができました。当初はそのうち治るだろうと放置していました。その前にもそういうことがあったからです。ですが、日に日に大きくなり、母に相談すると、かたちが似ていたので、「ウオノメの一種じゃない？」ということになり、民間薬のウオノメをとる薬を使用しました。それでも治らないので、ある病院（外科）を訪ねました。そこでは、すぐに帰されましたが、日がたっても、一向によくなりません。そのため、看護婦をしているおばに相談しました。すると、他の病院、それも皮膚科をすすめられ従いました。そこでは、簡単ではありますが、手術をするということで、幼かった私は祖母からもらった近所の神社のお守りを握りしめながら手術にのぞみました。その後、入院中にクラスメートからもらった千羽（よりも少なくはありましたが）鶴を見て自らを励ましながら、残りの治療を終えました。

　このエピソードは、当初、様子見をしていたが、治らないので、母親の勧めで売薬を利用〔民間セクターでの自家治療〕、外科病院を受診〔専門職セクターでの現代医療〕、看護師であるオバに相談〔専門職セクターでもあり民間セクターでもある、二重の役割を果たしている〕、再び皮膚科病院受診〔専門職セクター〕と展開する。家族員が病気になると、このエピソードのおば、祖母、クラスメートのように、その周囲に互いによく知った熟知者による「治療グループ」(中井 1990) が形成され、多元的現実における治療の選択や方向づけに重要な役割を果たしていることがわかる。クラインマン (1992) は、このように3つのセクターからなる病気対処の文化的システムをヘルスケア・システムとよんでいる。
　次の研究例は現代医療の浸透とともに伝統的な治療がひとつのシステムとして形成され、互いに共存するに至った例である。

3　沖縄の二重治療システム

　沖縄には精神的な失調に対して、病院が担う精神科医療とともに、ユタというシャーマンをエージェントとする伝統的な信仰治療のシステムがある。

大橋 (1998) は、沖縄の病者とその家族がこの二重治療システムのなかで対処を行っている実態を精神病院での調査で明らかにした。病者と家族は、両システムへの依存やその軽重を病状の変化や家族の方向づけによって変えながら対処する。なかには病院の精神科に入院していながら、精神科の治療には信を置かず、ユタの治療に専念する者さえいた。信仰治療には、精神科治療と対比して、「病気の責任を個人に帰属しない」「普段の生活との連続性が高い」「治療は病気の意味づけが中心で、機能的には関係の修復を行う」などの特色がある。

　心身の不調は病者・家族・親族・ユタ・医者など各セクターのエージェント間のやりとりによって、ユタにかかるべき「カミゴト」と医者の治療にかかるべき「イシャゴト」とに弁別される。この過程はおもに家族・親族内（民間セクター）で行われる、いわば治療の主導権争いである。その結果、治療の過程は「医療とシャーマニズムのいずれか一方あるいは双方へ、様々な比重をとって、同時的・継時的に依存する経過をたどる」のである。

　大橋 (1998 pp. 512-516) から、シャーマニズム・医療均衡型 (SM 均衡型) の事例をあげる。SM 均衡型とは「シャーマニズムの信仰治療へ一定期間依存したのちに、信仰治療への依存を続けながら、他方で精神医療へも依存するようになる」例である。

シャーマニズム・医療均衡型　A子

　すでに妻子のあった同郷者を父として母が産んだ2人姉妹の姉として出生。本島北部の閉鎖的な半農半漁地区T部落で生育。中卒後、那覇で稼働、22歳で同郷者と結婚。33歳までに4子をもうける。母は34歳ごろより、「カミダーリィ」（カミの召命による心身不調；巫病）で苦しむが、医療にはかからず、ユタである叔母Mによって「カミミチ」（ユタになる道）の修行をして回復した。当時中学生だったA子は母の「カミダーリィ」を目の当たりにしていた。

　A子は結婚時から夢をたくさん見始め、「見える」体験などをする。そのつど、郷里の叔母のユタ、Mに習っておがんだりし、そのとき、将来はユタになるといわれた。36歳のとき、症状は悪化。夢見が激しくなり、台所の神様のまえで泣き、踊ったり、歌ったりした。「カミゴトをするように」という声を聞いたりして、夫もユタになるのではないかと驚いた。母は、これを「カミダーリィ」と

みたが、医療への受診もすすめた。しかし、Mは医療に否定的だった。夫は次第にカミゴトに費用がかかると不満をいい、結局離婚となった。A子は帰郷したが、自殺の危険も出てきたので、精神科へ通院。精神分裂病（当時の病名）と診断される。A子は今後10年くらいは入退院を続けながら、ウガァン（カミへのお拝み）も続けると予想している。母によれば、A子は親族集団の神役にしてもらえれば、ユタになれるという。生まれが高い（ユタになる素質がある）ので、いまは苦労しているが、そのうち、カミの声とそうではない声を区別できるようになると見ている。

　この例は文化・社会的にみれば、精神的病いを「ユタになる」という期待が支えていると見ることができる。医療からみれば、シャーマニズム文化が十分な治療を阻害しているということができるだろう。少なくともシャーマニズムはA子さんの人生に将来展望を与えることで、A子さんとその治療グループを支えていることは確かである。現在では、ユタ側も機能分化自体を意識し、相談事例によってはイシャゴトだから、病院にいくように勧める。その一方で、医療側もユタに一定の機能があることを認めている。両システムは対立ではなく、共存しているという[4]。これは、現代医療の浸透という医療化のなかで、もともと暮らしのなかに埋め込まれていたユタによる在来の対処が医療を補うように機能分化し、治療の多元的現実が構成された事例である。

2. ワイドショーと健康グッズ

1　医療化

　医療化とは次の相互に密接に結びついた2つの過程である (Fox 1977: Crawford 1980)。ひとつは、医療専門家の権力が生活の広範な領域にとくに逸脱行動に広がっていくことである。つまり、医療の専門家が宗教家や法律家の役割を果たすようになることである。そこには 特権を擁護し、技術的な事柄を越えて専門性を一般化する専門職集団の傾向が関わっている。テレビのワイドショーでは、医師が弁護士とともにコメンテーターとして出演しており、生き方や美的価値にまでも言及する。もうひとつは、「健康－病気という概

---

[4] 仲村永徳・大橋英寿監修、小川寿美子責任編集 (2003)「沖縄にみる"野のカウンセラー"―現代医療と民俗治療―（教材ビデオ）」制作協力：ビデオ・パック・ニッポン、企画制作：JICA

念によって伝達される社会的現象の範囲が拡張する」過程で、とくに医学的なものの見方や知識が日常生活に浸透することである。例えば、病気の予防という概念が飲食、仕事、余暇の一般的な基準になるということがあげられる。"抗菌グッズ"の製品や手洗い・うがいの励行がそれに当たる。医療化とは、かつて医療の領域だった境界を越えて、医療の知識、実践、現実操作の仕方が私たちの日常生活へあふれだしていくと理解すればよい。別の言い方をすると、医療化とは、3つのセクターのうちで専門職セクターが肥大化し、他のセクターをおおう現象である。

2　脱医療化

では、医療化は医療が私たちの健康や病気を一手に引き受けるという方向に進むのだろうか。意外なことにそうではない。対象とする病気や健康問題が広範になるにつれて、医療が期待通りの治癒や十分なケアを提供できない場合も生じ、医療の実効性が低下する。それに対応して、医療以外の治療者を含む様々なエージェントによって、代替医療やある種の健康運動が提唱さ

病因がはっきりせず、治りにくいアトピーの場合、実に多くの"治療"が提唱されている。著者は医療専門家とは限らない。

図4-3　出版された多くの"アトピー本"

れるようになる。さらに、私たち自身は、マスメディアによって、多くの医学的知識や製品が流通する状況のなかにいる。そこで、独自の選択を行ったり、新しい治療法を編みだすこともできる。このように医療化は、病者をふくむ非専門家の活動の余地を広げて、その結果、専門家の社会的統制力（逸脱を認定したり罰したり裁可する力）をそぐ方向に作用する。これが脱医療化とよばれる現象である。脱医療化は「患者の権利の回復」運動や代替医療、自然食運動など医療化への異議申し立てといった意図的な反作用の結果として理解されるばかりでなく、医療化が進めば進むほど、病気についての様々な決定権が専門家の手から離れる社会的過程を指す。これには医療専門家の意図に反して患者へのコントロールが効かなくなるという含意がある。「素人療法に注意」という声が専門家からあがるのはそのコントロールできない実態を表している。

医療化・脱医療化のなかでは、病者は「自分の病気は何か」「私はどのようにしたらいいのだろうか」という病気の定義や病者としてのアイデンティティをもとめて、医療だけではなく多様なエージェントやマスメディアの情報に頼らなければならなくなる。マスメディアは専門知識の流通にとくに影響力がある。新聞には、学会発表や成果の応用・製品化のニュース、健康や病気の啓蒙的記事が載っており、テレビでは医師をゲストにむかえた健康教室、クイズ形式の健康番組が人気である。また、医療も一枚岩ではない。同じ病気に対しても専門家のなかで見解や治療法が異なるということも生じる。ときには、他のセクターのエージェントとの共同が行われ、ますます医療化は複雑な展開を遂げるのである。医療化・脱医療化は専門職医療と私たちの間の権力関係を大きく変えている。

3. 病いの語り

医療化・脱医療化のなかでは、医療が病気を一義的に定義することはできない。そこは人々がそれぞれの病気定義を語り合う多声的な世界がある。それは医療の病気定義と私たちの病気経験の裂け目が深くなってきたことを意味する。この事態に対応して、これまで「主観的」「一貫しない思いつき」として重視されてこなかった病者の語り（経験）への注目がなされてきた。医療

が唯一の対処ではなくなった場合、病者はどのように自分の病気を経験し、意味づけ、対処しているのか。この語りに耳をそばだてることは、病者の経験に寄り沿う姿勢をとることである。これはとくに決定的な治療がない病気（慢性病や終末期医療）へのケアを考えるとき、重要である。

クラインマンは『病いの語り』(1996)で、語りは文化的表象（病がもつイメージや意味）、集合的経験（共有された行動のスタイルやパターン）、個人的経験を知ることができると指摘している。つまり、図4-4に見るように、語りは3つの側面をもつ。たとえ、個人の特異な経験を語るときでさえ、語りはその人の置かれた社会的状況や病いの文化的イメージを伝えるのである。さらに、クラインマンは医学教育に「微小民族誌」を提唱している。民族誌とはフィールドワークの報告書のことである。クラインマンは医療専門家に対して、ちょうど人類学者が日常生活に密着することで、異文化の人々を理解するのと同様に、目の前の患者の生活に接近するように勧めたのである。

次に、日本におけるアトピー問題の展開をまとめ、二人の母親の語りから、医療化・脱医療化社会における病気対処の経験を理解しよう。

図4-4 病いの語りの三角形

1 日本の「アトピー現象」(作道 1994、2004)

アトピー性皮膚炎とは「憎悪・寛解を繰り返す痒のある湿疹を主病変とする疾患であり、患者の多くはアトピー素因をもつ」(古江増隆他、2004) 病気である。筆者はアトピー皮膚炎が日本において独特の社会的意味を獲得した過程を医療化・脱医療化の観点からとらえ、新聞記事やアトピーの子どもをもつ母親へのインタビューを行ってきた (作道 2004)。それによれば、次のような経緯がわかってきた。アトピー性皮膚炎は1980年代後半に新聞などマスメディアによって社会問題化された病気である。その当時は乳幼児のアトピーが中心であった。原因がはっきりせず、見た目にひどい湿疹ができるこ

と、原因に食物があげられていたこと、決定的な治療法がなかったことから、子どもの養育と家内の衣食住を担当する母親たちが注目することとなった。この病気は、当時の輸入農産物や残留農薬、環境汚染との関連で報道され、やがてアトピー性皮膚炎はたんなる皮膚病を越えて、非行やライフスタイルまでもが関連する意味的な拡張を引きおこし、現代社会の問題を象徴する「現代病アトピー」という意味を獲得した。この過程には、アトピー患者とその母親だけではなく、患者ネットワーク、各種市民グループ、農協などの農業団体、皮膚科医、小児科医、学会、行政、企業や会社、レストランなどの飲食産業、アトピー製品製造元、販売元、それらの活動を集約的断片的に伝えるマスメディアが複雑に関わっている。このような背景は文化的表象や集合的経験として、母親たちの病気対処を形づくっていったのである。

　治療的には、小児科医から食物との関連が主張され、乳幼児への食事制限（アレルギーの原因になりそうな食物を除去する除去食）が提唱され、塗り薬中心の皮膚科治療に満足できなかった母親たちを引きつけた。母子は小児科医が支援する患者グループにはいり、除去食を与えながら子どもの湿疹の出方を観察する忍耐のいる治療を行う場合もあった。その過程で、母親は医学知識とともに子どものアトピーを環境汚染、社会問題、ライフスタイルと結びつけて捉える世界観を発達させていった。この過程を3つの図で確認しよう。

　まず、**図4-5**は日本と欧米の新聞のデータベースで、「アトピー」という言

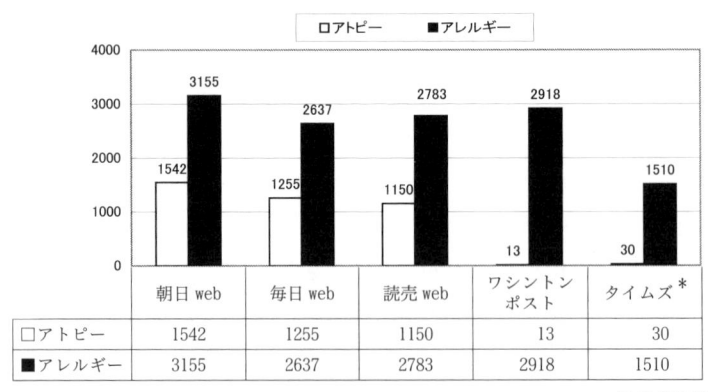

	朝日web	毎日web	読売web	ワシントンポスト	タイムズ＊
□アトピー	1542	1255	1150	13	30
■アレルギー	3155	2637	2783	2918	1510

＊検索方法変更のため推計

図4-5　新聞記事累積（1985年-2001年）

葉が用いられていた記事数の比較である。日本は圧倒的にアトピー記事が多い。アトピーが社会問題化されたのには日本独特の事情があることが示唆されている。

　図4-6は朝日新聞の記事検索を用いて作成したグラフである。アトピーという言葉を使った記事のうち、アトピーの原因にふれた記事をとりだして分類したものである。これによれば、1988年から1994年までは、アトピーの原因を食物に求める記事が過半数を占めていた。そののち、衣住環境（衣類やぬいぐるみ、住宅などの身近な環境）や環境問題（大気汚染など）が増加した。これは80年代後半の輸入農産物・食品への不安を背景にしている。2000年には、アトピーは皮膚疾患であるという記事が登場し、アトピーにつけこんだ商品によるアトピービジネスが悪化の原因という記事も増加する。これは皮膚疾患としてのアトピーをとらえるという日本皮膚科学会の見解発表とアトピーにつけこんだ治療法を批判する「アトピー・ビジネス」(竹原、2000) という著作の発表を反映している。原因に着目すると、アトピーの記事は、食物アトピー期、衣住・環境問題アトピー期、スキン・アトピー期にわけることがで

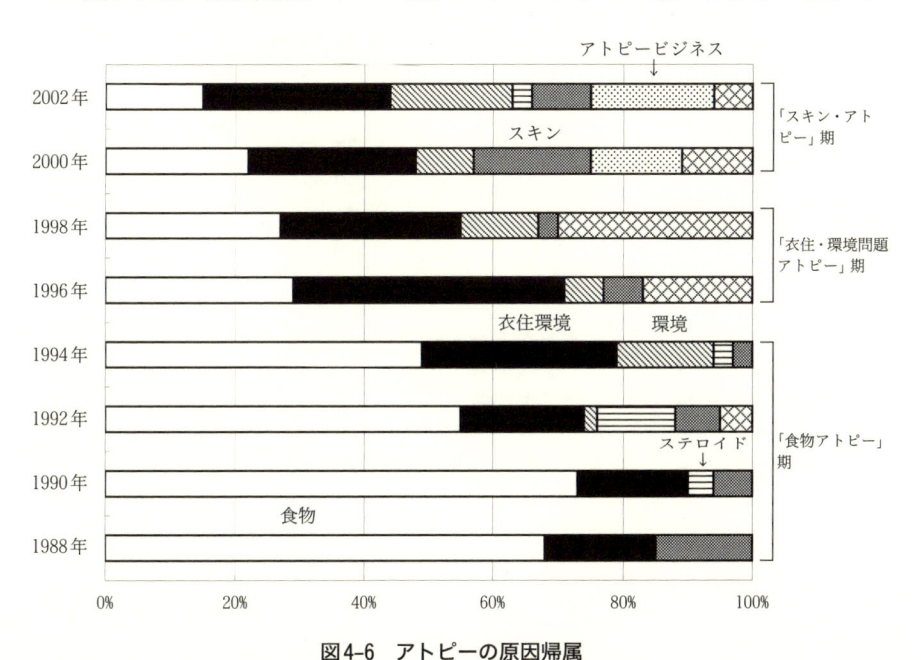

図4-6　アトピーの原因帰属

きる。このように原因不明で治療が難しいアトピーはそのときどきの時代の精神によって、異なった意味をもつ病気として捉えられているのがわかるだろう。

図4-7を見てみよう。アトピーの世界観は「自然的世界」と「人工的世界」の対比としてまとめることができる。そこには、アトピーへの対処は「自覚的な生活態度」でもって「人工的世界」を「自然的世界」に引き戻すという文化的意味上の操作を含んでいる。たとえば、「洋風な食事をやめ、手作りの和風の素材を生かした食事に変える」という実践によって世界の意味を変えようとすることがあげられる。

「アトピー」は、決定的な治療法がない慢性病に対して、母親が自らの子どもの身体の異変を注視し、既存の治療では対処出来ないことに気がつき、代替医療を求め、マスメディアが供給する病気の意味の広がりのなかで、対処を編み出していった例と見ることができる。これは、マスメディアの発達する医療化社会における対処の特徴を示している。まさに、医療化と脱医療化のなかに、彼女たちはいたのである。

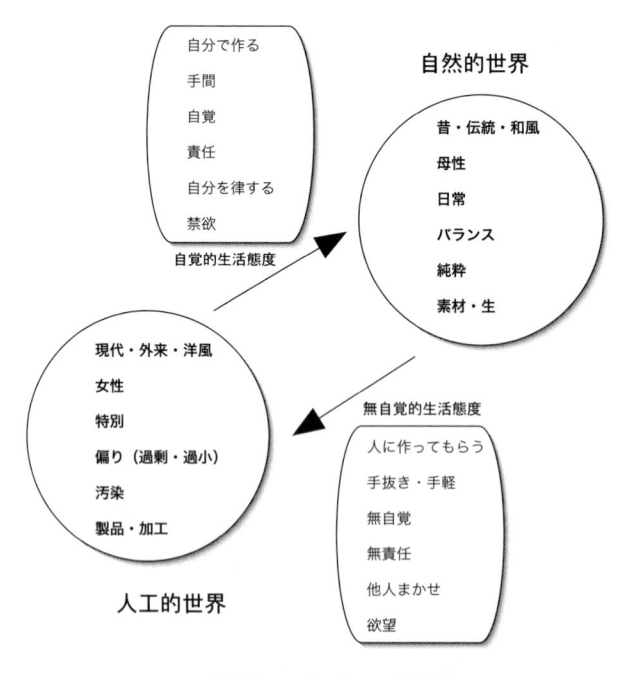

図4-7　アトピーの世界観

ここでは、1992年に実施したアトピーをもつ母親へのインタビュー調査（作道 1994）から2事例（Aさん、Bさん）を紹介する。ふたりの母親は子どもの異変に気がつき、食事療法をすすめる病院の「親の会」のメンバーとなった。Aさんは除去食に専念し、その世界観のなかでやりがい、希望を獲得した例である。Bさんは除去食を含め多様な対処を試みたものの、顕著な効果が得られず、独特な心的な構えをもつに至った例である。前者を食事療法派、後者を諦観派とした。

2　アトピーの子どもをもつ母親の語り

①食事療法派

Aさんは、生後3週間で湿疹が出た。B病院では乳児性の湿疹、C病院では、(1)(アトピーが気になって)アレルギー外来がないかとたずねたが、なかったので、皮膚科に通った。塗ればよくなるけど、また出て、そうすると強い薬を出すの繰り返しだった。生後3カ月でA病院を見つけて、4カ月の時除去食を始めた。

〈除去食（食事療法）〉

除去するというだけじゃなくて、例えば卵がいけないというだけじゃなくて、農薬とか添加物とかにすごく気を使っていて、お米とかも無農薬のを食べさせているので、だから、おやつとかでも添加物だらけのその辺のおやつを買わないで、アレルギー用でなくてもちゃんと裏〔食品の包装に書かれている成分表〕を見て与えているので、添加物という面では、ほんとうに少ないと思うのですよ。摂取量がね。同じもの食べても、アレルギーは、農薬とか添加物に弱いというから、気を使っているんです。それからは、調味料買うにもぽっと取るのではなくて、よく見て買うとか、(2)親の方が勉強させられますよ。

〈飲み薬・塗り薬〉

飲み薬、2週間おきに取りにいかなければいけない。まだ、副作用とかはっきり臨床的にわかっていない。1年で切れるならいいけど、この子は1年以上かかると言われていたから、じゃやめる。それ飲めば、食べられるものが増えるけれど、薬に頼るというのをやめさせたいのですよ。(3)私、薬大嫌い

で、塗り薬もいやで使わない。先生も、あなたのところだけだよ、みんな使っているんだよというけど。いまは、抗アレルギー剤は遊びに行くときだけ。もっといい薬があれば使うけど、ずるずると使うのがいや。

②諦観派

　Bさんの子どもは生後1カ月に顔にぶつぶつがでた。3カ月、C病院皮膚科でアトピーと言われた。(4)新聞や周りの人から牛乳・卵について色々言われていたから、食事制限の必要あるか確かめたら、いらないとされ、飲み薬と塗り薬をもらった。9カ月、近所の小児科に行って、使っていた薬が強かったことを知りました。同じ薬を出してもらえば、大きな病院と違って待つ必要もない。6カ月ごろ、離乳食を始める。全然食べない。唯一食べるのは、プレーンヨーグルト、これにまぜれば何でも食べる。これが原因だなと後で気づいた。湿疹も出たら塗り薬塗る、ひどければ飲み薬を飲む。これでいいのかなと疑問に思っていたので、アトピーときくと、どこの病院行ってどんな治療を受けたのか、情報を収集していた。自分ではあちこち行けないから。どこもあまり変りはないようだと思った。

　2歳8カ月、A病院の小児科へ。下の子も連れて歩けるようになったし、また秋から冬にかけて悪くなるから、除去食というのも聞いていたから、もうそれしかないのではと。検査では抗体すべてに反応した(米、小麦、大豆、牛乳、ダニ)。(5)除去食によって検査の数値はかなり下がったが、症状は最悪で栄養失調的になったので、医師と相談して除去食をやめることにした。その後、塗り薬と飲み薬を続け、温泉療法にも通い、民間療法にも頼ってみたが、効果はなかなかあらわれない。

〈民間療法〉

　民間療法家にかかって、浄霊と毒素を出す特別な水を飲むように言われた。何でもやってやろうと思って、わらにもすがるような気持ちで……濃縮された鉱泉水を30万円くらいでお分けしている、3万円でお分けすると、浄霊がおわって一週間ぐらいして言われたので、買いました。3ヵ月くらいやったけど、(6)効果なし。一番不信に思っている。一番お金かかって。(質問者：そんなにかかったのですか？) 効果がないというのがよけいそう思います。食べ物

なら他の人も食べられるわけで。

〈気をつけていること〉

(7)こだわらないということかな。できるだけ同じものを続けないということかな。とうもろこしでも、実家の畑から持ってきたのは、出ない。でも、スーパーのものは、ひどく出る。好きなものがあればあきるまで毎日それ。だからひどくなるんだろうな。牛乳は、もともと飲まない。幼稚園で飲んでいる。やはり次の日出る。多少出ても飲んでてもいい。(8)本人が飲みたければ飲めばいい。赤くなってひどくかくこともあるけど。何考えても去年にくらべればと思えば、大したことない。

何が反応しているかわからない。だから、他のおかあさんはこれ食べたら出るんだよというけど、うちは食べて出るときもあるし出ないときもある。ただ、それだけのせいではないとおもう。何か悪いものが重なって出るということもあるだろうし。量的なものもあるだろうし。だから、その(9)食品一つを責めるのはまちがいじゃないかなと。

除去食でも何でも、これで治るという意気込みがないから駄目と言われたけど、所詮それじゃうちらには合わないんだなあと。とくに、アトピーの会に行けば行くほど、親がしっかりしなければと言われるけど、本人がついてこなければどうしようもない。結局、(10)病院側としてもこれしてみた、治らなかったらこれしましょうと決定的なのはないですからね。

3 解説

当時、AさんもBさんも子どもの湿疹を見てアトピーが心配だったという (下線部1、4)。Aさんの経験が個人的な経験ではなく、当時の母親一般にアトピーの危険が認知されていたことを示している。新聞などのマスメディアの食物アトピー言説 (書かれたり話されたりする言語表現の総体) のなかにいたことがわかる。Aさんの場合、除去食の語りでは、除去食がたんに原因物質を除去するだけではなく、現代社会の食物汚染や添加物問題と結びつけられている。そして、そのような世界観を「勉強」したと述べている (下線部2)。つまり、Aさんは、アトピーと食物の関係から環境や添加物問題まで拡張された「現代病アトピー」言説のなかにいる。しかし、Bさんの場合、除去食

も効果がなかったため（下線部5）、食物が原因だとしても、ひとつではなく、まわりの物、いろいろに反応していると考えている（下線部9）。自分の子どもには医療も決定的な治療法がないとしている（下線部10）。つまり、Bさんは「現代病アトピー」言説の世界には入っていない。医師の指示にも信頼していない。特定の治療方針に「こだわらない」（下線部7）ことで、対処がうまくいかないことに対処している。そして、Bさんは、様々な治療をしても対応関係を示さないアトピーを子ども自身の決定にまかせようとしている。

両者のアトピーの原因や対処に対する実践のちがいは、病状の変化によるところが大きい。Aさんは「現代病アトピー」の世界観のなかで対処を持続させた。自分が行う実践は、何のためにどのような効果を求めて行っているのかに確信を持つことができている。一方で、語り（下線部3）に見るように、このような世界観はときに医師の指示に従わないという、医療の阻害要因にもなることがわかる。Bさんは「こだわらない」ので、指針となる世界観をもちえない。Bさんは、どのように病気を定義し、治療を選択するのかについて確信をもてない。医療の効果にも信頼を置いていない。民間療法にも頼れない。つまり、病気に対して自分が何をしたらいいかという、病気と自己の関係が定まっていないため、アイデンティティの感覚をもつことができない状態にある。子どもの意志にまかせるという態度はBさんの置かれた状況の反映である。

4 エンパワーメントとリスク

Aさんの語りで、「現代病アトピー」は汚染された現代社会のイメージと結びつき、生活習慣にまで拡がり倫理的色彩をおびて語られていた。そのなかで、Aさんは自分の実践の正しさを確信している。Aさんは「現代病アトピー」によって、自らの対処をまとめあげて、アイデンティティの感覚を得ることができている。さらにAさんはただ食事療法を医師の指導のもとに行っているのではない。独自の判断で塗り薬の使用を控えるという選択を行っている。これは決定的な治療法がない慢性病において、専門家と病者間の権力関係に変化が生じていることを示す事例である。

医療化社会における対処は医療などエージェントへ全面的な依存ではな

く、様々な言説をとりいれ、自己の身体への個別の取りくみを含みつつ展開する。このような対処は、一方では"素人療法"の批判を受けることにもなろう。他方では、制度的な対処にしばられず、自助的な組織をつくり、自己の身体に向き合い、様々な可能な知識に基づき対処を広げる、エンパワーメントの可能性を見ることができるのである。エンパワーメントとは「個人・家族・集団・コミュニティが社会において自分たちのために行動できるようなパワーを形成する力量を強化すること」(グティエーレス他 2000、p.3) と定義されている。

竹原 (2000) は「アトピービジネス」の危険を訴えている。「アトピービジネス」とは「アトピー性皮膚炎患者を対象とし、医療保険診療外の行為によってアトピー性皮膚炎の治療に関与し、営利を追求する経済活動」である。そのような「ビジネス」につけこまれないために、「アトピー性皮膚炎は、正しい知識と十分な経験をもち、人の健康を管理すると責任を持つ皮膚科医によって治療されるのが本来の姿」と結んでいる。Bさんはいろいろな治療―そのなかには数十万円も支払った民間治療もある―を試した後、一種の諦観にたどりついている。Bさんの語り (下線部6) には、民間療法に対する強い不信感を見ることができる。医療化社会においては、患者は主体的な判断と選択が求められる反面、市場経済の犠牲者にもなりかねないリスクを負っている。

4. 語りの力

語りは語り手の経験を伝えてくれる。では、反対に、語りを変えることで、病者の経験を変えることができないだろうか。『がん患者学』を執筆した柳原 (2000) はテレビ番組 ETV2001 (NHK教育) で、がん患者が自らを「サーバイバー (生き残り)」と呼び、体験や知識を共有しようとする動向を伝えている。これは病いのイメージによって規定される病者の経験を病者自ら語り直すことで、病気治療における主体性を回復しようとする運動である。

4回の放送のうち、第3回は「サーバイバーが社会を変える」と題されている。番組紹介から内容を要約すると、次のとおりである。

「毎年5月の第二土曜日、ロサンゼルスに全米から長期生存を果たした乳

がん、卵巣がんの患者が集結し行進をする。その数は5万人。サーバイバーと呼ばれる女性たちは互いの生存を確かめ合い、寄付金を集めがん医療の研究のために貢献する。サーバイバーたちは自らサポートグループを立ち上げ、患者の心のケアなどに取りくむだけでなく、抗がん剤などの新薬の早期認可を政府に働きかけるなどがん医療、そして患者を取りまく社会のあり方まで変えていこうとしている。21世紀の新薬として期待される乳がんの遺伝子治療薬ハーセプチンの認可をわずか半年で可能にしたのは患者たち自身の活動だった（略）」。

　自らガンを患った評論家のソンタグは『隠喩としての病い』(1982)のなかで、「最も健康に病気になる」ことを主張した。それは、病気がもつ隠喩的な意味の広がりから脱して、病気そのものと直面したいと願ったのである。例えば、「癌」は統制不能な異常成長であり、「腫瘍の侵略、身体の防衛力、放射線による空爆」といった戦争用語で記述される。「癌」はその人の何らかの落ち度に対する懲罰であり、病者は人生の敗者である。治療法がなく、原因も単純ではないとすると、堕落、頽廃、汚染、無秩序、弱さが病気と同一視されるようになる。つまり、病気になるということは、生物医学的な疾病の苦しみだけではなく、病いがもつマイナスの意味をも引き受けることを意味する。それは社会からの疎外である。ソンタグはそのような隠喩の解消には、病気の正体が判明し治癒率が高くなること、「治療の言葉が攻撃的・軍事的なものから、体の「自然な防衛力」に中心をおく言葉に変わる」ことをあげている。まさに、がん患者が自らをサーバイバーと呼ぶ運動は語りを変えることで、病いの隠喩によって抑圧されてきた患者のアイデンティティを正の方向へと変える運動である。この運動は当事者（患者）自身の回復を支援するだけにとどまらず、社会的現実を変えていく。語りによる支援はレイプや虐待の被害者（ハーマン 1999）、大災害の犠牲者（矢守 2004）といった、これまで声をもたなかった人々にも広がっている。

おわりに——身体と向き合う自己へ

　医療化は専門職セクターが私たちの日常生活を広く覆う現象である。マスメディアを通じて、医学的知識や医療情報が普及することで、医療化は大き

な影響力を及ぼす。医療を選択するのが合理的な選択として位置づけられ、またそれと比較して、民間や民俗セクターの知識や治療は劣ったものとして——ときに迷信と言われて——位置づけられる。私たちが自分の対処を「つまらないこと」「言うほどのものではない」と言うとき、このようなことを意識している。

　多元的現実論は、医療第一主義にとらわれず、私たちが現実に行う対処行動・健康維持の実際を説明しうる。私たちの対処は家族や親族、友人（民間セクター）のなかで、シャーマンや医師との間（民俗・専門職セクター）で方向づけられる。そこでは医療も多のうちの一つ (one of them) に過ぎない。もちろん、医療は頼りになる相棒である。だが、過半数の病気については民間のセクターによって済まされていたことを考えると主導権は日常生活の現実に生きる私たちにある、と気がつくのである。これが可能なのは、個人の能力というより、多様なエージェントのネットワークのなかで、状況に応じて現実を定義する力と言えよう。多元的現実論によって、私たちは自分の主体性や対応力を見直すことが出来よう。一方、民間セクターは独自の知識体系や権威あるエージェントをもたない。そのため、各セクターのエージェントやマスメディアの影響を受けやすい。私たちはときには明らかに健康を害する選択をしたり、効果のない薬や健康食品に大金を支払ってしまうこともある。そこで必要なのは、私たちの日常生活の営みにそって助言する専門家の存在である。

　医療にとっても、多元的現実論は重要な意味があるはずである。これまで専門家と患者のコミュニケーション・ギャップがたびたび問題化されてきた。患者による拒薬や治療の中断がなぜ生じるのか。医師の説明不足・スキルの不在や患者の知識不足、マスメディアの影響が原因とされてきた。しかし、多元的現実論は次のように捉える。たとえ専門家から"正しい"知識を伝達されたとしても、私たちは、日常生活での必要や他のエージェントとのやりとりのなかで、自分流にアレンジして受容する。私たちはこれまでの経験から、自分の身体の様子や癖を知っている。そのような経験もアレンジには用いられるだろう。両者のギャップの理解に必要なのは、病者がどのような生活世界に生きているのか、生きてきたのかといった日常生活に寄り添った視点である。それはクラインマンの「微小民族誌」が目指すところである。そ

こで目にする多元的な対処の実際は、患者にとって専門家とのやりとりは日常生活におけるたんなる点に過ぎないことを専門家に気づかせるきっかけになる。そこに、ある謙虚さが生まれることを期待できる。

　さらに一点付け加えておこう。身体に向き合う重要性である。私たちは不調におちいったとき、自己の身体に向き合う。どこが病んでいるのか、身体に問いかける。そして、私たちはエージェントが教える病気の現実定義と自己の身体経験を重ねようとする。しかし、必ずしも両者が一致するとは限らない。訴えが無視されることもあろう。治療場面は、現実定義と私の身体経験とのずれが明らかになる場面でもある。別の見方をすると、不調への対処はつねに、私たちを自分の身体へ向き合わせる機会をはらんでいるということができる。私たちの身体経験は一義的な定義を許さないほど、可変的で多様である。医療化社会では身体を医療にまかせきりにしないで、身体に向き合う姿勢が重要になってくるのである。

　医学的（科学的）知識が普及し医療の権限が拡張する医療化は病気や健康の領域における近代化の一事例である。それは、医療化が、医療が期待する合理的な判断や選択ができる個人を前提とし、私たちをそのような近代的な個人にしようと働きかけるからである。しかし、治療の多元的現実論は、医療化は一方向に進展するのではなく、脱医療化、つまり他のセクターと拮抗・共存関係のなかで展開することを示した。実態的には、医療一辺倒ではなく、多様なエージェントとのやりとりのなかで病気や健康への対処を行う。そこでの私たちは、アトピーの母親が毎日自分の子どもの身体を観察したように、自分の身体に向き合う営みを行っている。そして、その身体経験の豊かさへの着目が医療などセクターにまかせっぱなしにしない、かといってそれを無視するのではない、等身大の対処を可能にしてくれるのである。

【参考文献】
安保英勇・大橋英寿　1995　「医療人類学的な研究方法」『日本プライマリ・ケア学会誌』18(1).
池上良正　1987　『津軽のカミサマ：救いの構造をたずねて』どうぶつ社
大橋英寿　1998　『沖縄シャーマニズムの社会心理学的研究』弘文堂
──　2004　『フィールド社会心理学』放送大学教育振興会
ギデンズ, A. 1993　松尾精文・小幡正敏訳『近代とはいかなる時代か？：モダニティの帰結』而立書房

グティエーレス，L.M.・パーソンズ，R.J.・コックス，E.O. 2000 小松源助監訳『ソーシャルワークの実践におけるエンパワーメント』合川書房
クラインマン，A. 1992 大橋英寿・遠山宣哉・作道信介・川村邦光訳『臨床人類学：文化のなかの病者と治療者』弘文堂
────── 1996 江口重幸・上野豪志・五木田紳訳『病いの語り─慢性の病いをめぐる臨床人類学』誠信書房
作道信介 1994「病いの日常化という視点からみた対処過程：乳幼児期アトピーの子どもをもつ母親の事例から」『弘前大学保健管理研究』14-3
────── 2004「医療化社会の病気対処：「アトピー」をめぐって」大橋英寿編著『フィールド社会心理学』放送大学教育振興会
────── 2007「規範としての身体：弘前大学新入生「病気のとき、どうしましたか」調査から」『弘前大学保健管理研究』20-1
ソンタグ，S. 1982 富山太佳夫訳『隠喩としての病い』みすず書房
竹原和彦 2000『アトピービジネス』文藝春秋
中井久夫 1990『治療文化論：精神医学的再構築の試み』岩波書店
バーガー，P.L. 他 1978 高山真知子・馬場伸也・馬場恭子訳『故郷喪失者たち：近代と日常意識』新曜社
ハーマン，J.L. 1999 中井久夫訳『心的外傷と回復』みすず書房
古江増隆・古川福実・秀道広・竹原和彦 2004「日本皮膚科学会アトピー性皮膚炎治療ガイドライン2004 改訂版」日本皮膚科学会雑誌114(2) ※ただし、ここではPDF版を使用した。
柳原和子 2000『がん患者学：長期生存をとげた患者に学ぶ』晶文社
矢守克也 2004「被災者の語り：阪神大震災の記憶」大橋英寿編『フィールド社会心理学』放送大学教育振興会
Crawford, R. 1980 Healthism and the Medicalization of Everyday Life. International Journal of Health Services, Vol.10, No.3.
Fox, R.C. 1977 The Medicalization and Demedicalization of American Society. Daedalus 106, 1.

【キーワード】
多元的現実：私たちが他の人々とともに経験する現実（社会的現実）はひとつではない。例えば、病気になったとき、誰に相談するかによって、病気をめぐる現実は変化する。この病気対処の有り様を俯瞰的に見ると、私たちは病気について重なりあう現実にいることがわかる。これを多元的現実という。
医療化・脱医療化：医療化とは次の2つの過程を意味する (Fox, 1977: Crawford, 1980)。ひとつは、専門家の権力が生活の広範な領域、とくに逸脱行動の領域に広がっていく過程である。すなわち、宗教や法律の専門家が担っていた社会的統制の様式が医療の専門家の手にわたっていくことをさす。もうひとつは、健康─病気という概念によって伝達される社会的現象の範囲が拡張する過程で、とくに医学的なものの見方や知識が日常生活に浸透することである。医療化の進展は医療への病気対処の一極集中を起こすのではなく、むしろ医療以外の治療や在来の健康法への関心がたかまる脱医療化を引き起こしている。

【Q&A】

質問 医療化と脱医療化はどのような関係にありますか。

答え 脱医療化は医療化にともなって生じる社会的な反応です。その背景には次の様な事情があります。まず、医療化にともなって、医療はそれまで対象にしなかった病気や慢性病のような治療効果が容易には望めない病気を対象にするようになったことがあります。そのため、標準的な医療以外の代替医療が提唱されたり、伝統的な民間療法の見直しが喧伝されたり、擬似科学的な健康法が流行する余地が出てきます。よしあしは別として、病者には"選択肢"が増えることになります。そこには、マスメディアやインターネットの発達によって、専門的な知識が流通するようになったことがあげられるでしょう。病者は医療専門家にかぎらず、様々なエージェントをたずね、情報や知識を求め、治療を選択するようになります。このように、医療化・脱医療化は、治療の主導権が医療から、病者と多様なエージェント間のやりとりのなかに委ねられるようになる過程ということができます。これは一面では、病者に主体性を要求する過程とみることができます。その意味で、本章では、医療化・脱医療化を近代化の一例としてとりあげています。

5章　恋愛と結婚の現代的様相

羽渕　一代

―【要　約】―

　本章では恋愛、結婚という私的な領域における人間関係のあり方の現代的特性を分析する。この特性は、近代が成熟することによって、自己意識と他者との関係が変わってきたことを基盤にしている。結婚は家族形成のためのライフイベントであり、この私的な行為が集積し、公的な領域の諸問題を形成していると言っても過言ではない。具体的に言えば、人口の問題つまり、社会の大きさに恋愛、結婚は関わる。近代化が成熟することにより、私的領域における人間関係のあり方は、その形式的な側面、コミュニケーション行動から変質し始めた。その具体的な行動について、人口に関わる社会現象として社会学的解説を試みる。

【キーワード】重要な他者、個人化

はじめに

　恋愛に関する読み物のなかには、「恋愛にのめりこみすぎて精神疾患」や「恋愛の悩みで体調不振者の増加」などと無視することのできない大仰な表現も少なくない。また、ストーカーという言葉も一般的な用語として定着し、恋愛にのめりこむのは病気だというようなイメージも一部で醸成しつつある。

　一方で、恋愛をテーマとしたドラマ、小説、映画、歌謡曲、マンガ[1]は多数ある。最近では、『世界の中心で愛を叫ぶ』などの純愛ストーリーが若者の間で人気があった。女性週刊誌に目を向けると、「やっぱり恋愛がいちばんのストレス解消！　恋する快感!!（『an・an』2006年6月7日号）」や「恋に効くSEX（『an・an』2006年5月31日号）」などと恋愛特集にいとまがない。恋愛を鼓舞する特集記事からは、恋愛が幸せの最たるものであるというイメージがふりまかれている。メディアがあおる恋愛の真偽は別にしても、恋愛は古今東西どこにでもある感情、行動なのだろうか。誰でも、恋愛するものなのだろうか。

　ある事例を紹介しよう。結婚を控えた33歳の女性、Aさんは、人生において一度も恋愛感情をもったことがないという。これまで、いつかは好きな人ができて、恋愛をして結婚をするのだと、のんびり構えていた彼女は、30歳を超えたあたりで、自分には恋愛という意味で好きになるという感情がないのだと気がつく。その気づきから、恋愛結婚することをあきらめ、親の勧めてくれた、好きではないが嫌いでもない男性と結婚することとなった。こういったことは、例外のケースだと考えるべきなのだろうか。

　性科学や保健、道徳の教科書には、「胸がどきどき」したり「せつない気持ち」になったりするのは健康なことだと書いてあることが多い。また、高校時代に習った源氏物語や万葉集など慕情や男女関係を表現した文学作品がある。西洋文学の古典である「ロミオとジュリエット」の物語は、現代日本人

---

[1] ただし最近の少女マンガの場合、恋愛そのものをストレートなテーマとして扱った作品は少ないと言われている。セックスが中心になるテーマとなっていたり、女性同士の友情が中心にあったりすることで恋愛はサイドストーリーのように扱われることも多い。詳しくは、藤本（2005）を参照のこと。

の私たちにもロマンティックな感情を呼び覚まさせる。このように、類似の感情を表現する様々な文学作品を根拠に、恋愛という感情は古今東西、普遍的に見られるものだとも言える。しかし、本当にそうであろうか。

1. 恋愛結婚

　恋愛はこれまでどのように研究されてきたのだろうか。恋愛研究は、文学史のなかで多くの成果があげられている (小谷野 1997；佐伯 1998、2000)。恋愛は西洋型の愛の一種であり、江戸期に見られる文学作品の恋物語は恋愛ではなく、「色」「情」「恋」「愛」といった言葉で示されてきたと言われている (菅野 2001)。そして、家族社会学の通説では、その感情の形式と結婚とは結びついていなかったとされている。恋愛と結婚が結びついたのは1960年代頃からである。具体的には、1967年以降、恋愛結婚が見合い結婚を上回ることを論拠にしている(湯沢 1995)。もちろん、見合いの後、徐々に好きになり、見合いとも恋愛ともつかない結婚だったというケースも少なくないが、現在、見合いという形式を利用して結婚するというケースは大変少ないことからも、1960年代以前は、恋愛結婚が今よりも少なかったと考えて差し障りがないだろう。

　恋愛と結婚が結びつくことに代表されるような、現代的恋愛は、近代の産物である。日本における恋愛は、明治の文明開化とともに輸入され、大正期における「恋愛と結婚のはざまに揺れる情死」という恋愛事件の頻発、大正知識人による恋愛論ブームを経て、定着したものである。その後、恋愛が一部の力のある人にのみ許される行為ではなくなり、ライフスパンとして誰にでも可能なものとして認識されることで、恋愛は結婚と結びついていったと論じられている (菅野 2001)。明治・大正の草創期における恋愛は、現在のように結婚に近い現象としてよりも、結婚に反する現象、結婚を崩壊させるものとして認識されてきた。したがって、恋愛と結婚の一体化[2]は、戦中・戦後を通して成立した現代的なイデオロギーである (井上 1973) というのが社会学的通説である。

---

[2] 好きあったもの同士の結婚は、古くから江戸期まで庶民のなかではあったのだという説もある。詳しくは、和歌森 (1958) を参照のこと

恋愛は輸入され、定着していくのと同時に、結婚と切っても切り離せられないものとなった。この歴史的経緯と同時に、人々のあいだに「恋愛結婚＝幸せ」という信仰に近い価値観が浸透していった。ただし、当初のそれは「恋愛したら、結婚しなければならない」という規範とセットであった。

　高度経済成長以降、こういった恋愛と結婚の結合形態に微妙な変化が訪れる。それは、結婚につながらない恋愛に対して社会的な寛容さが高まるというものであった。山田昌弘によれば、1960年代に興隆した学生運動が70年代になって敗退したことと低経済成長への移行によって、若者たちの関心が国家、政治、そして社会から私生活へと移ったという (山田 1996, p. 111)。この私生活のトピックのなかでも恋愛は、結婚の前段階として若者の重要な関心事となった。

　この頃、「見合い結婚か恋愛結婚か？」という二者択一は、人々の下世話な関心事の1つであった。さらに1980年代から、情報技術の発達、つまり、マスメディア中心の社会からパーソナルメディアの台頭という変容、女性の社会的地位の向上とセクシュアリティの多様化とをともなって、結婚から恋愛へと関心の重心が移ってきたのである。人々の情報行動スタイルが、マスメディアを介した情報摂取を中心としたスタイルからパーソナルメディア利用へと重心が移ったことと連関して、社会・政治・経済的なことが人々の関心の中心にある社会から個人の取り結ぶ人間関係や個人の感情や気分に関心をより払うという社会へと変容したと解釈できる。経済的に豊かな生活を送ることが目標となるようなライフスタイルにおいて、結婚は個人にとって経済的に重要なライフイベントとなる。ところが、生活経済的な価値よりも感情や気分が優先されるようになると、結婚という経済的ライフイベントよりも恋愛という感情経験の価値が高まる。この変容は、女性が結婚によって生活を男性に保障してもらう必要性の低減、強制異性愛主義からの脱却が個人のライフスタイルの多様性を確保しつつあることなどと連動して生起している。日本の結婚関係において、欧米ほど感情や気分が優先されるわけではないが、恋愛が輸入された当時とは異なり、現代は結婚につながらない恋愛が容認される一方で、恋愛のない結婚への抵抗がきわめて強い社会へと変容したことに間違いはない。

2. 恋愛経験の増加

　それでは、若者の現代的恋愛は、どのようなものなのだろうか。現在、恋人と交際している20歳代の若者は、おおよそ40％程度である（羽渕 2004a）。この割合は、この15年間、ほとんど変化していない。管見する限り、企業、大学や研究所が行ったどのような調査結果もほぼ同様の数値を示している。一方で、恋人と現在交際中と回答する若者を含めた20代の交際経験者は、8割以上にものぼる。この数値は、10年前と比較しても増加している。

　次に、恋人交際した相手の数を世代ごとに集計した結果、50歳代よりも40歳代、40歳代よりも30歳代のほうが、恋人交際した相手の数は多い。**図5-1**は、2004年に30歳代以上60歳代未満の人々を対象に東京と大阪で行った男女関係調査を分析した結果である。年齢が高くなるほど、恋人として交際した相手の数が少なくなっている（羽渕 2006）。とくに恋人として交際した相手がいない30歳代は1割未満であるが、50歳代は26.6％という高率である。一方、恋人として交際した相手が6人以上という30歳代は16.5％もいるが、50歳代では3.6％しかいない。

　このように量的に調査した結果からは、現代の若者が昔にくらべて恋愛を経験する可能性が高いことが確認される。そして、ここで重要なことは、かれらがどのような恋愛をしているかという点にある。次に、若者にとって恋愛が重要性をおびる事情について確認した上で、インタビュー調査によってその恋愛の行動面を明らかにしていこう。

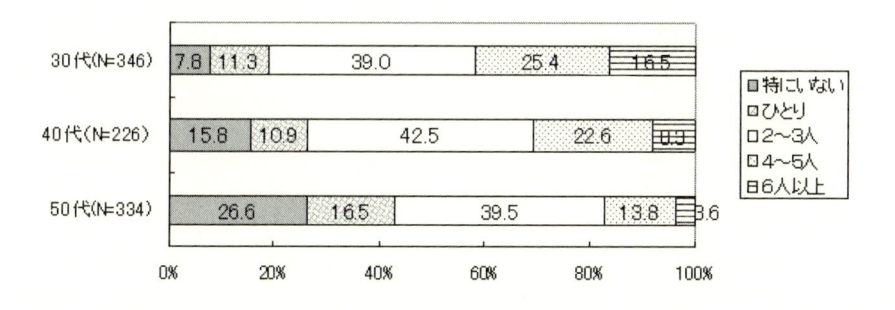

図5-1　恋人交際の経験者数と年齢層

3. 重要な他者 (significant other) の機能変化

　青年心理学においては、恋愛は青年を成長するための重要な契機であるとされている。恋愛はアイデンティティや自己定義を模索することの一部であるがゆえに重要だという主張がある (Moore and Rothenthal 1991; Zani 1993; Coleman and Hendry 1999)。一方社会学では、個人は他者との相互行為を通して社会に適合的な行為の仕方、態度、価値などを取得していくとされているが、そのなかでもっとも影響の甚大な他者を重要な他者と概念化している。これらを総合するならば、若者にとって恋人とは、重要な他者のサブカテゴリーのひとつであり、自己定義やアイデンティティと密接に関わっていることになる。

　また、青年心理学において、アイデンティティが重要なテーマであることに疑義がないことに加えて、今の日本の若者は「自分らしさ」と無縁でいられない社会を生きているという社会学的分析も多く見られる (芳賀 1999；土井 2003；岩田 2005)。歌謡曲、CM、トレンディドラマといったポピュラー文化の内容は、「自分らしさ」を探索するモチーフばかりが目立つ。こういった文化現象は、現代若者の心性を反映する鏡として引用されることが多い。このような若者の「自分さがし」をめぐって、土井は、社会的個性志向と内閉的個性志向という分析軸を設定し、この現代の若者の心性を内閉的個性志向と命名している。本来、「自分らしさ」とは、他者との比較によって成立する。個性的かどうかということは、他者との相対においてのみ存立する。しかし、現代の若者たちは、「自分らしさ」を自分の内面に奥深くにある本源的な自己の実体として感覚しているという (土井 2003、pp. 106-107)。

　こういった若者の自己意識とともに恋人の重要性が変容している。**図5-2**に示すように、顕著な差というわけではないが、青少年研究会が行った92年の調査結果では、恋人の有無が若者の自己肯定感や「自分らしさ」と相関していた。一方、02年の結果では、その相関が見られなくなった (岩田 2005、pp. 222-223)。つまり、90年代前半、恋人がいる若者は、いない人にくらべて自己肯定感が強く、「自分らしさ」も感じられるようであり、恋愛と自己のありようが関わっていたと思われる。しかし現在では、恋人の有無が自己のありようと関わらないのである。これは、重要な他者と関わらずに自己を感

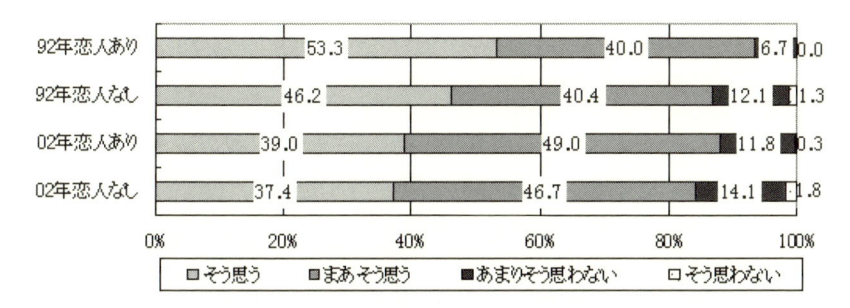

5章　恋愛と結婚の現代的様相　107

	そう思う	まあそう思う	あまりそう思わない	そう思わない
92年恋人あり	53.3	40.0	6.7	0.0
92年恋人なし	46.2	40.4	12.1	1.3
02年恋人あり	39.0	49.0	11.8	0.3
02年恋人なし	37.4	46.7	14.1	1.8

図5-2　恋人の有無と自分らしさがあると思うかどうか

覚するという現代的な状況が見てとれる。
　ここで、重要だと感じられる他者と自己との関係を高校2年生のBさんへのインタビューをもとに説明しよう。

　　（Bさんの友だちにメル友を紹介した件について尋ねると）
　　B：うん、なんかそれに、全国のメル友どうのこうのっていうのがあって……それでやったらすごいいっぱいくるようになって、あ、じゃ、それで今度からやろうっていうことになって。で、一回やる毎に80人とか、いて。
　　羽渕：どうやって（メル友を）選ぶの？
　　B：い、いや、と、投稿して、来るもの拒まず！
　　羽渕：じゃ、すごいお金かかるじゃん！？
　　B：うん、すごいかかった。二万、くらい。
　　羽渕：恐ろしいよぉぉぉ！そのお金は何処から出るの？
　　B：お母さんの……
　　羽渕：どういうお母さん！お母さん怒らない？
　　B：あ、怒るけど、前よりはよくなったねって言う……
　　羽渕：取り上げられたりとかは？
　　B：あ、しない。どこにいるかわかんないから持ってなさい！って言って。
　　羽渕：え、結構遊び歩く方？
　　B：そうでもないけど、遊び歩くと何処にいるかわからないっていう。ほとんどでも家にいることの方が多いんだけど、出るとどっかに消えるので、持ってなさい。
　　羽渕：親の電話出る？
　　B：出ない！

羽渕：意味ないじゃん！
B：恐いもん！あ、怒られる！って思うから。
羽渕：へぇ！出なかったらどんな？　なんか言われる？
B：家に帰ってから、なんで出ないのって。あ、気づかなかった！って。
羽渕：恐いんだ？
B：恐い！恐くて、おうちではいい子で。

　Bさんは、メル友を探すための出会い系サイトを利用するときは2万円くらい月に使うという。そして、一番多いときで4万円の携帯電話の利用料を親に支払わせていた。しかし、上記のデータのように、親の前ではいたって「いい子」にしていて、親との関係をうまくやっていこうと考えていると語る。Bさんの行動と自己評価の矛盾が見てとれる。そして、おそらくこういった矛盾した感情や行動のそれぞれが、嘘であったり、偽であったりするわけではないのだ。こういった若者自身も振り回されてしまうような感情の揺れやそれぞれの場面に応じてキャラクターを演じるという行為は、別段、彼女の個人的な理由によって起こっているのではない。
　彼女の親密性のあり方は、他者を大事にしようとする志向と自己意識のつながりが希薄であることに特徴が見られる。これまでの社会的自己という社会学的説明にならえば、他者に対して誠実につきあおうとする個人は、自己への配慮もおざなりになることはないという仮定が可能である。しかし、彼女は、友人を大事にする一方で、出会い系サイトにおいて、知らない男の人にカラオケやお茶をおごってもらうというリスクの高い行為を繰り返し行っていた。こういった行為について、友人たちが知っているのかどうかたずねたところ、「何人かは知っている。危ないことはするなって言われる。」とあいまいに口をにごす。彼女の場合、友人を大切にすることと自身を大切にすることや親にとっての「いい子」であることをめぐる行動と意識が結びついていない。
　若者を中心とした社会問題に対する近年における解説の多くには、友人関係の形成に問題の原因を帰する論調が見られる。例えば、土井は、若者の親密な人間関係を「感覚の共同体」と名付けている（土井 2003）。この共同体は、自己の「表出」はあるが、自己の「表現」が成立しないようなコミュニケーショ

ンを特徴としている。言葉によって、自己と他者との異質性を確認することのない共同体であるがために、他者が自己の延長でしかなく、ひとたび衝突してしまうと簡単に崩壊してしまうものだと主張している。また、宮台は若者の人間関係を「コミュニケーションの島宇宙化」によって特徴づける（宮台 1994;267-269頁）。島宇宙化する社会集団とは、信頼できるコミュニケーション前提が存在せず、「異質な他者」に探りをいれ、共通前提を探りあてる「技術」が存在しないため、同一の記号においてのみノリを共有しコミュナリティを支えるような集団である。

このように若者の親密性は、多少なりとも変容しており、それと同時に自己像を確認する形式が従来とは異なってきていることを示唆するものである。上記のような友人関係の質の変容が真であるならば、恋愛という親密性もまたその意味が変容してもおかしくない。このような事実認識を前提とするならば、恋人や友人という重要な他者が、パーソナリティの形成、アイデンティティの形成に字義通りの重要な影響を及ぼすという仮説は、再検討されなければならない。

4. 恋愛交際は電子上

現代的な恋愛は、メディア利用に行動特性が見られる。Bさんの例にもあるように、若者のケータイ利用において見いだされる文化としてメル友があげられる。ケータイというモバイルメディアが普及する前まで、恋愛、もしくは親密な他者を見つける必要がある場合、人を通して紹介してもらうという方式、もしくは偶然に期待するしかなかった。もちろん現在でも、人を通して紹介してもらうという方式が一般的ではあるが、その紹介とは、メールアドレスを教えあうという形式を取っている。そしてメール交換というメディア・コミュニケーションによるつきあいの後、対面的なコミュニケーションを行うというプロセスが広く見られる。

下記は、3人の女子高校生が、恋愛と恋人の見つけ方について、語ってくれたものである。彼女たちが語るように、メル友とは、Bさんの例に見られるようなまったく知らない間柄で行われるだけではなく、学校の先輩だったり、街でよく見かける異性だったりと、うっすらとした情報をもちつつ、そ

れほど親密ではない関係において成立することも多い。友人や知人を介して、コンタクトをとる労力を払っているところにも特徴が見みられる。

■**高校3年生女子**
「高校は行ったら彼氏できるもんでしょって漫画とかで見てたから、勝手に思ってて。すごい一生懸命さがしたんですよ。この子かな、あの子かなって。あ、あれが一番かっこいいっていって「番号教えて」って。」

■**高校2年生女子**
「知り合ったのは「あどの祭」で。で、こっちから一方的にあの人いいってなって、そしたら、友達が気に入ってる人いるんだけどメールしない？って（彼に）言ってくれて、で何もわかんないままメールしてくれて、で、工業祭で会った。（筆者加筆）」

■**高校2年生女子**（先述のBさん）
羽渕：今メル友は？
B：メル友って、友達からっていうことじゃないですよね、普通にサイトでってこと……？
羽渕：あぁ、どっちでもいいよ。友達からのも、あるの？今。
B：あぁ、いることは、いる。昨日振った人。
羽渕：昨日振ったん？ それ、友達の紹介で？
B：中学校一緒だったんだけど一言も話したことなくて、で、クラスも違ったし、で、夏に会ってちょっと、遊んだ。感じで。で、それから全然連絡もしなくて、てか……関係なかったから。
羽渕：うん。……でもメールはしてた。
B：ん、最近になって電話来て……アドレス知りたいんだけどって言われて、あぁって言って。

　上記の事例のように電子上での出会いを経て、直接会ってデートをした上で、恋人へと発展していくケースはめずらしくないが、電子上での交際のみの恋愛も出現している。例えば、Bさんのクラスメートの C さんは、青森市に住む高校2年生である。彼女の彼は、沖縄に住んでいる専門学校生だという。直接会ったことは一度もなく、メールと電話で会話するだけであるが、彼女は「彼とつきあっている」という。そもそも、彼女は沖縄出身アイドルのファンであり、恋人をつくるなら沖縄の人がいいと考え、Bさんに頼み、

出会い系サイトで沖縄在住のメル友を探してもらい、何人かとメールのやりとりをしたあと、彼とつきあうことになったのだという。

　また、恋愛中のカップルにとっても、メディアの使い方は、関係のありようを決める重要な問題でもある。下記に紹介するＤさんの事例において、ケータイメール交換の方法の齟齬(そご)が関係を決定づけていることが明らかにされる。Ｄさんの昔の恋人は、１日の終わりにメール交換の終了を「おやすみ」とメールで宣言するが、Ｄさんは宣言しないという習慣の違いがあった。そして、そのやり方の齟齬が、メール送信をめぐる争いを生んだようであった。先にメール送信したほうが、恋人同士の力関係において劣勢だと認識されており、夜にメールをきりあげてしまうという行為は、翌朝、ＤさんとＤさんの恋人と「どちらがはじめにメールを送るか」ということで揉める、ケンカの原因となるよくない習慣であったとＤさんは評価している。

■高校２年生女子（Ｄさん）
　（昔の恋人とのメールのやりとりは、彼から）「おやすみ」って終わるのが（合わないと思った理由で）、あ、その前の前に付き合っていた人が、メールで「おやすみ」とか言わない人で、朝になったら「ごめん、寝てた」っていうのが、それが普通だって思っていたから。一日中ずっとぐるぐるぐるってやって、それが普通だと思っていて。この人は、「おやすみ」って言ったら終わっちゃうから、夜で。だから、次の日どっちからとか揉めるから。「おめぇからメールしろよ」とか言われて。（途中省略）それで、別れた。（筆者加筆）

　また、Ｄさんは現在の恋人との関係でさらにケータイ利用における恋人同士のルールについて語ってくれた。この語りからは、ケータイメール交換において感情を表現、愛情をテキストの量や絵文字や顔文字の利用の有無によって、確認している様子がうかがえる。

■Ｄさん
　（現在の恋人に）メールで、顔文字つけないと、怒られる。マークで、顔文字つけることができなくて、「これだけ顔文字ねぇ」とか言われて、「いいじゃん別に」って言ったら、そこから喧嘩になる。いつも言うんだけど、なんか駄目らしい。

メール、20行しないと駄目だって言われて。(筆者加筆)

5. 個人化と恋愛

　恋人交際と言えば、「二人でおでかけ」「二人でお食事」「性交渉」などが思いつく。しかし、前節で紹介した事例からわかるように、メディア・コミュニケーションも重要な恋人交際のひとつとして認識されている。上記の女子高校生だけでなく、若者にとって、メールや電話といったメディア・コミュニケーションが恋人とのコミュニケーションにおいての大部分を占めているのかもしれない。図5-3は、先述の青少年研究会の調査結果である。若者がケータイで何をしているのか調べたものの1つである。恋人の有無とケータイの所有・ケータイでの通信の有無が関係している。ここから、恋人のいる人がケータイで通話していることがわかる。

　こういったメディア利用を可能にする環境の情報化は、人々にどのような影響があるのだろうか。個人にとって、環境の情報化は、物理的場所や身体的見かけの重要性の低下を意味する (メイロウィッツ 1985)。一般的に、ある場所にいることが、その個人の社会的カテゴリーを指し示すことや権威を付与する。企業のビル内にいるということが、会社員としてのリアリティを醸成する。そして、企業のビル内という場所が、会社員という地位にあることを

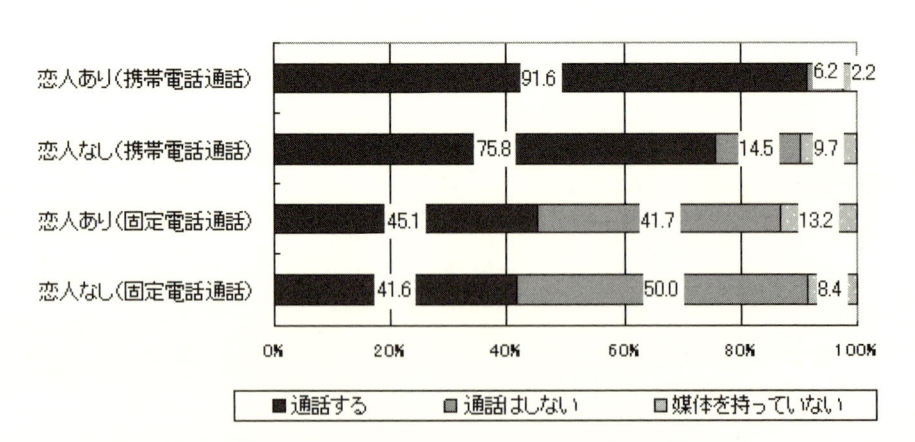

図5-3　恋人交際とパーソナルメディア利用

個人に実感させる。もしくは、学校にいるということが、児童・学生であることなのである。また、個人は社会的に定められた行動をとるように、身体の見かけによって規定されている。例えば、小学生や中学生のような見かけであれば、公衆の面前で喫煙や飲酒はままならない。また金融商品や性に関わる商品を取り扱う場所、つまり「大人」が出入りする場所だと認識されているところへの自由な立ち入りができないだろう。ところが、ケータイのようなモビリティの高いメディアの普及やインターネットという匿名性の高い空間の成立によって、「仕事をする」とか「買いものをする」とかいった行動のみを目的とするならば、場所の重要性やある個人の判断基準としての見かけの重要性は、これまでと比較にならないほど低減している。例えば、韓国の事例であるが、性的に過激な内容を扱うウェブサイトの管理人が11歳の子どもだったことが判明し、韓国社会のネット問題として取りあげられたことがあった。家庭に閉じこめられていようが、身体的な見かけが幼かろうが、メディア環境さえ整備されていれば、成人のビジネスに介入することは簡単にできるようになった。

　一方で、恋愛や友情といった獲得されるべき親密性に限って見るならば、環境の情報化が進めば進むほど、場所、身体、「物理的な配慮」といった代替不可能なものの価値が高められる。それは個人化の進行と密接な関係にある。情報化が進展することによって、地縁・血縁といった一次集団に束縛されることなく、選択縁という新たな社会集団に参与することが、個人のライフコースにおいて比較的容易になってきた。移動がままならない前近代社会において、つきあう人間は、生まれた土地によって制限されていたし、家族との関係を選択することもむずかしかった。現代は、個人の好みや意志によってつきあう相手を選ぶことが容易になった。これにより、個人の生活や人生に対する裁量が可能性のレベルで増えたと結論できる。こういった個々人の選択可能性や裁量の増大は、自己が自由に他者を選択できると同時に、他者も自由に選択ができることを意味する。こうして、人々の自由な選択がモノだけではなく関係性にもその幅を拡大することで、あらゆるものが取り替え可能となる。つまり、自己も他者によって取り替えられてしまう可能性が高くなるのだ。実際に、労働市場では柔軟に労働者を増減させる雇用システム

が成立している。自己の価値を確かめるためには代替不可能な何かが必要であり、その確認作業を高度近代に生きる個人には課せられている。

　近代社会の特徴のひとつが、この個人化の進行である。そもそも社会学草創期における「個人化」をめぐる問題系は、主に、封建的で魔術的な伝統的社会から合理的で脱魔術化された産業社会へと変容していく社会に放りだされた個人に照準することで明らかにされてきた。ここで起こった問題は、要約すれば、非科学的な価値による統制を優先させるか、科学的な価値によるものを優先させるかという、個人の存在意味供給源を決定するための二者択一のコンフリクトであった。しかし、現代的「個人化」の問題は、重工業中心の産業社会という経済合理性と物理的生産性とに支えられた官僚制を中心とした集団の解体によって、あらゆるライフステージにおける個人の意志決定が個人の責任に帰結されるような、統制を失った社会における個人の存在意味をどのように調達するかというものへと近代が成熟するにつれ変化してきたである。

　さしあたって、手っ取り早く個人の存在を意味づけてくれる源が、恋人や親友といった身近な他者となることは、容易に想定できる。たとえ一時であったとしても、唯一無二の存在として扱ってくれる他者への執着は強化される。自分自身が存在する意味を生産することも自身の責任において行わなければならないために、他者がどのくらい自身を大事に扱ってくれるのかということの確認に人々は傾注するのである。

　他者から配慮がどの程度行われているのか、という曖昧な目方を量るために、メディアは利用される (羽渕 2001)。電話の回数、メールの回数、対面的コミュニケーションの回数などは、客観的に他者からの配慮の目方を量ることが可能となる便利なツールである。そして、インパーソナルなツールを利用しつつもその内容は、よりパーソナルな特徴を醸し出したものに価値を置いている。メールに顔文字や絵文字を利用しようとする若者の行動からもこれは傍証されるだろう。また、こういった特徴の裏面を示すような行動も見られる。例えば、ケータイのメモリーにある恋人の電話番号とメールアドレスを消去することで、恋人との関係を解消するような行動は頻繁に見られる。

　R. セネット (1991) が指摘したように、「私は誰か」という自己への探求に

取り憑かれた現代人は、自己の暴露ゲームとしてのコミュニケーションの果てに親しい他者に対する興味を失い、人間関係の切断を帰結する。現代社会はナルシシズム的な社会（ラッシュ 1981）であると指摘されているが、ナルシシズム的な自己探求は、他者を排除するように原理的に作動する。ナルシシズムを支えるためには、自己とは異なる他者の異質性を容認してはならないからである。したがって現代人は、異質な他者を排除していくことでアイデンティティを支えるという関係の取り結び方を現象させているのだと言う。

　一般的に人間関係の切断は、個々人に対して心理的重荷を課すが、メディアのチャンネルを閉じることでこの心理的負担は軽減される。例えば、対面してのコミュニケーションにおいて、「あなたとは絶交だ」とか「あなたとはもうつきあいたくない」とかいった言葉を告げることは、気が重いことである。ところが、電話番号を変えたり、メールアドレスを変えること、もっと大がかりな場合には住所を変えたりすることで、関係を断ち切りたい相手との交渉を遠ざけることは、対面的な「関係のお断り」と比較すると心理的に楽に行うことができる。関係を切断したい相手の周囲から身体そのものを遠ざけてしまうことは、人間関係がメディアに支えられている環境においては容易なことである。

　言い換えれば、メディアが人間関係を取り結ぶための擬似的な場所として機能しているのだ。このメディアの場所性は、関係を取り結ぶ先の相手を象徴するとも考えられる（羽渕 2001）。したがって、関係性そのものが、同じ時空間に共在することによって支えられているわけではない場合、メディアそのものが個人にとって他者の身体として意識されるようなこともありうるのだ。ただしこのような人間関係の物象化によって、先にも述べたような、自己同定の過程における他者の重要性を低減させているという仮説も成立しうるのである。

6. 恋愛という社会問題

　自己と他者の相互行為として恋愛を読み解いていくならば、恋愛とは感情それ自体ではない。コミュニケーション・コードのひとつであり、そのコードの規則によって、人は感情を表現したり、感情を生成させたり、予想した

りする。また、他者にそうした感情があると想定したり、それがないと判断したりすることもできる。ひいては、それに応じたコミュニケーションが行われた場合に必然する帰結に対して準備することさえ可能にしている（ルーマン 2005）。このコードを支える社会・文化によって、恋愛の様相は異なる。

したがって、冒頭のような恋愛問題は、私たちが属している社会のありようと密接にからまりあい、生成している。恋愛という個人の感情・欲望・行動・困難を語る形式が、この社会文化の変容の一端を映し出している。

ここまで自己や二者関係を中心としたマイクロな相互行為の分析対象として恋愛を考えてきたが、この行為がより大きな社会集団とどのような関連が見られるのか、明らかにしていこう。恋愛という二者間の関係がなぜ社会の問題として語りうるのだろうか。それは、現代日本社会の場合、人々が結婚しなければ子どもを作らないことと関係する。結婚の前段階として恋愛があるならば、恋愛は晩婚化の帰結としての少子化の問題として捉えられることも可能である。恋愛がなければ結婚もなく、結婚がなければ出産もない。

結婚のない恋愛は問題視されないが、恋愛のない結婚は回避される。その証拠に、「結婚の必要条件として恋愛がある」という現代的観念は、90年代を通して強化されている。1992年、青少年研究会が行った都市青年の調査では、「恋愛経験あり」と回答した既婚者が約7割であったのに対して、2002年の調査では、約9割にまで増加している（羽渕 2004a）。また、国立社会保障・人口問題研究所 (1999) の調査によれば、結婚の意欲は異性交際によって左右される。交際相手がいる場合は結婚について考える傾向があり、いない場合には考えないという傾向があることがわかっている。

また「結婚は本当に好きな人とするべきである」という意識は、広く浸透している。2003年に行われた若者の生活意識研究会の調査結果から「本当に好きな人と結婚することが幸せには不可欠である」と回答する人が7割以上いることが明らかになった（羽渕 2004b）。これを筆者は恋愛結婚規範とよんでいる（羽渕 2005）。ただし、こういった規範的側面が強くなってきたとは言え、恋愛結婚とは、歴史的には家父長制的制度（「イエ」）との戦いのすえ、勝ち取られてきたものなのである（宮坂 1997）。

この恋愛結婚という形態が、「晩婚化・少子化」の問題と関わっていること

を、以下でさらに詳しく説明し、まとめていこう。その上で、恋愛の階層論的な問題も指摘しておきたい。

おわりに──結婚形式の画一化

　これまで見てきた通り、人々は代替不可能な自己を確認させてくれる他者を選択する必要にせまられている。そして、その傾向は恋愛・結婚に重大な影響を及ぼしている。若者の生活意識調査によれば、25歳から34歳までの未婚者の半数は、未婚理由として「適当な相手とめぐりあわない」ことをあげていた（羽渕 2004b）。このことが指し示しているのは、恋愛結婚という形式に結婚が画一化したということである。つまり、結婚の契機が恋愛というのみとなったことを意味する。事実、2005年に行われた国立社会保障・人口問題研究所（2007）の第13回出生動向調査によれば、見合い結婚の割合は6％程度である（図5-4）。もちろん、1960年代以前に多数派であった見合い結婚から恋愛結婚という形式へと徐々に変化して現在に至ったので（湯沢 1995）、その変換期である1960年代から1980年代までは、少なくとも見合いと恋愛という複数の選択肢があり得た。自分自身の力で結婚相手を見つけ、恋愛を経て結婚することは、個人にとって非常に労力のいることである。そのため、結婚相手を見つける個人の労力を軽減する社会制度としてお見合いという形

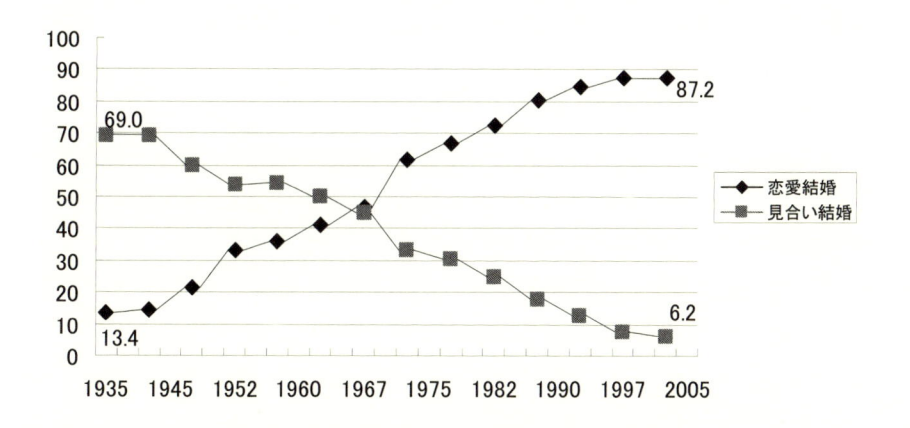

図5-4　結婚年次別に見た恋愛結婚と見合い結婚

式があったとも考えられる。ただし一般的には、「お見合い」という形式は、「イエ」の社会的再生産に関する戦略として捉えられており、階層社会の根源として見なされてきた。

　ところが、恋愛結婚は、お見合い結婚以上に階層社会の源となっていることが報告されている。当該社会のなかで個々人は社会的地位を保つために、諸々の資本を維持し、再生産する家族は、結婚戦略によって社会的再生産の達成を行う（ブルデュー　1991）。この「社会的再生産」の効率を保証するために恋愛は機能している。つまり、恋愛相手を選択するときは、お互いの選好に応じて、自発的な選択をすることだと考えられるが、この選好そのものは、学歴や職業などの社会階層によって規定されている。例えば、音楽大学に進学する学生の保証人の職業、つまりその多くである親の職業は、医者や弁護士、会社役員などの社会的地位の高い人が多いと音楽科の教員が話しているのをよく耳にする。また、国立大学の学生生活調査によれば、偏差値の高い大学のほうが、低い大学と比較すると学生の保証人の平均年収が高いことは周知の事実である。大学が個人の選好のもとに選択されているのであれば、同種の選好をもつもの同士が集まることは、この同階層の人間同士が集まることとほぼ等しいと仮定できる。「社会階層と社会移動の全国調査」（SSM調査）において、「恋愛結婚」は、「見合い結婚」と比較して、「学歴同類婚」や「職業同類婚」の原理がより強いということが報告されている。本人同士の学歴の類似は当然としても、父親同士（妻の父と夫の父）や妻の父と夫、夫の父と妻という出自連関の間接度の低さから本人同士の類似が、その出自集団の階層に依存していることがわかっている（渡辺・近藤　1990）。したがって、「イエ」の家族戦略としての見合い結婚から個人の家族戦略としての恋愛結婚となったことで、より狭い範囲での婚姻圏のなかで個人は配偶者選択を余儀なくされており、必然的に社会は晩婚化を帰結したとの解釈も可能である。

　さらに新しいデータによれば次のような状況も指摘できる。前出の第13回出生動向調査（国立社会保障・人口問題研究所　2007）によれば、結婚相手との出会いは、これまでもっとも回答の多かった「職場や、仕事で」よりも、「友人・兄弟姉妹を通じて」という回答が2005年調査では上まわっている。職業のあり方が、90年代を通じて劇的に変容したことをこのデータは表している。

つまり、職場が結婚のための事実上の「見合い」の場として機能しなくなったのである。男女雇用機会均等法が1985年に施行され(2007年に改正)、男性のみを労働者として考える制度から女性も労働者に取りこんでいく状況を整備してきた。これにより、高度経済成長期の人々のあこがれの家庭モデルであった、性別役割分業を前提とした結婚形式が、1990年代を通じて、徐々に崩れていったことに加えて、「永久就職」としての結婚相手を探すための「腰掛け就職」という意識も薄らいできたと言えよう。したがって、女性が長く勤めることが20年前よりは比較的容易になり、結婚の選択が経済的な逼迫さを帯びなくなったのである。この状況は、結婚を迫る世間的な重圧から女性を解放したのだと人々に認識されている。そして、この女性の経済的自立が晩婚化の要因のひとつであるとも言われてきた[3]。つまり、狭い範囲で恋愛・結婚相手を選択しなければならないこと、世間的な結婚への重圧がないこと、そして結婚の経済的な必要性がないことなどの要因が絡まり合い、恋愛という唯一の結婚理由（＝恋愛結婚規範）が個人の肩に重くのしかかり、結婚を延期する個人が増加し、その結果として少産型の社会が成立したのである。

【参考文献】
井上俊 1973『死にがいの喪失』筑摩書房
岩田考 2004「都市青年にみる自己意識の変容」高橋勇悦代表『都市的ライフスタイルの浸透と青年文化の変容に関する社会学的研究』平成13・14・15年度科学研究費補助金(基盤研究(A)(1))研究成果報告書
─── 2005「若者のアイデンティティはどう変わったか」浅野智彦編『検証・若者の変貌』勁草書房
大越愛子 2001「恋愛三位一体幻想」大越愛子・堀田美保編『現代文化スタディーズ』晃洋書房
加藤秀一 2004『【恋愛結婚】は何をもたらしたか──性道徳と優生思想の百年間』ちくま新書

---

[3] 「女性の労働率の上昇が晩婚化・少子化の原因である」という説はジェンダー論者から批判され続けてきた。性別役割分業を性差別の根源だと考えるジェンダー論者にとっては、これが論証されるならば非常に都合が悪いだろう。なぜならば、性別役割分業こそが理想的な家族形態のあり方だと為政者に思わせるからである。しかし、これは、問題化すること自体が間違いである。経済力をもった女性が生活のために意に添わない結婚をしなくてすむようになり晩婚化したのであれば、平等な社会の到来を喜ぶべきであり、そのバーターとして人口減少した社会に何らかの問題が起きてくるならば、その社会にあったやり方に制度や政策を変更していく方向で努力するほうが生産的だというイデオロギーや価値レベルでの闘争を必要としているのである。

菅野聡美 2001『消費される恋愛論』青弓社
ギデンズ, A. 1995『親密性の変容—近代社会におけるセクシュアリティ、愛情、エロティシズム』而立書房
木下栄二 1994「『恋愛』観の多様性について：桃山学院大生のアンケート調査から」『桃山学院大学社会学論集』28-1
草柳千早 1999「関係の変容と個人　分化と恋愛をめぐって」三田社会学会編『三田社会学』第4号
―――― 2004『「曖昧な生きづらさ」と社会—クレイム申し立ての社会学』世界思想社
国立社会保障・人口問題研究所 1999『平成9年独身青年層の結婚観と子ども観—第11回出生動向基本調査—』厚生統計協会
―――― 2007『平成17年わが国夫婦の結婚過程と出生力—第13回出生動向基本調査—』厚生統計協会
小谷野敦 1997『男であることの困難—恋愛・日本・ジェンダー』新曜社
―――― 1999『もてない男—恋愛論を越えて』ちくま新書
コールマン, J.・ヘンドリー, L. 2003 白井利明他訳『青年期の本質』ミネルヴァ書房
佐伯順子 1998『「色」と「愛」の比較文化史』岩波書店
―――― 2000『恋愛の起源』日本経済新聞社
桜井哲夫 1998『【自己責任】とは何か』講談社現代新書
生活情報センター 2004『青年ライフスタイル資料集2004年度版』生活情報センター
セネット, R. 1981 北山克彦・高階悟訳『公共性の喪失』晶文社
谷本奈穂 1998「現代的恋愛の諸相」『社会学評論』194、日本社会学会
土井隆義 2003『〈非行少年〉の消滅—個性神話と少年犯罪』信山社
芳賀学 1999「自分らしさのパラドクス」富田英典・藤村正之編『みんなぼっちの世界—若者たちの東京・神戸90's・展開編—』恒星社厚生閣
羽渕一代 2001「ケータイにうつる【わたし】」岡田朋之・松田美佐編『ケータイ学入門』有斐閣
―――― 2004a「青年の結婚状況と結婚観」山田昌弘監修『青年の将来設計における「子育てリスク」意識の研究』平成14−15年度厚生労働省研究費補助金政策推進研究事業総合研究報告書
―――― 2004b「都市青年の恋愛経験」高橋勇悦代表『都市的ライフスタイルの浸透と青年文化の変容に関する社会学的研究』平成13・14・15年度科学研究費補助金（基盤研究(A)(1)）研究成果報告書
―――― 2006「恋愛の現代的状況」山田昌弘代表『離婚急増化社会における夫婦の愛情関係の実証研究』平成15年度−平成17年度学術振興会・科学研究費補助金（基盤B）研究成果報告書
藤本由香里 2005「少女マンガに、もう純愛はない」『木野評論』36号　青幻舎
ブルデュー, P.・パスロン, J.K. 1991 宮島喬訳『再生産』藤原書店
ラッシュ, C. 1984 石川弘義訳『ナルシシズムの時代』ナツメ社
ルーマン, N. 2005 佐藤勉・村中知子訳『情熱としての愛—親密さのコード化』木鐸社
宮坂靖子 1997「配偶者選択と恋愛・性」石川実編『現代家族の社会学』有斐閣ブックス
宮台真司 1994「「郊外化」と「近代の成熟」—性の低年齢化と買春化の背景—」井上俊・上野千鶴子・大澤真幸・見田宗介・吉見俊哉編『岩波講座　現代社会学10　セクシュアリティの社会学』岩波書店
牟田和恵 1998「愛と性をめぐる文化」井上俊編『新版現代文化を学ぶ人のために』世界思

想社

メイロウィッツ, J. 2003 安川一・上谷香陽・高山啓子訳『場所感の喪失』新曜社
山田昌弘 1991「現代大学生の恋愛意識――「恋愛」概念の主観的定義をめぐって――」『昭和大学教養部紀要』第22号
―――― 1992「ゆらぐ恋愛はどこへいくのか」アクロス編集室編『ポップコミュニケーション全書』PARCO出版
―――― 1994『近代家族のゆくえ――家族と愛情のパラドックス』新曜社
―――― 1996『結婚の社会学――未婚化・晩婚化はつづくのか』丸善ライブラリー
湯沢雍彦 1995『図説家族問題の現在』NHKブックス
和歌森太郎 1958『日本風俗史』有斐閣
Moore, S. and Rosenthal, D. 1991 Adolescents' perceptions of friends' and parents' attitudes to sex and sexual risk-taking, Journal of community and applied social psychology. vol.1.
Zani, B. 1993, Dating and interpersonal relationships in adolescence. S. Jackson and H. Rodriguez-Tome (eds.), Adolescence and its social worlds, Lawrence Erlbaum. Assoc.

【キーワード】

重要な他者(Significant other)：社会現象を観察、もしくは分析する際、社会学において、もっとも重要な理論のひとつに構造－機能主義がある。社会の構造はそれぞれの社会によって様々に異なるが、それぞれの社会の成立、社会秩序を保つための機能をリストアップしてゆき、その最大公約数を見つけることができるのではないかというアイディアをもとにこの理論は成立する。このアメリカ社会学最大の発想は、社会を因果的に捉えており、また不変な構造を備えていることを前提としているため、人間のパーソナリティもすでにあるものとして想定される。この前提をめぐって、時間や変化、それぞれ固有の特徴などを二の次にしているという批判を浴びる。

その一方で、時間と空間を不可分なものとして、パーソナリティと社会との相互作用を分析したG.H.ミード (1934=1974) は、パーソナリティをすでにあるものとして扱うのではなく、社会とのやりとりのなかで形づくられると考える。とくに、子ども期における重要な他者、父母、きょうだい、友だち等の相互作用のなかで役割取得が行われ、自我形成の第一段階となると説明される。社会的現実は、この自我形成の過程のなかで、過去に行為した一連の関係を回顧する際に自己 (me) という概念を利用しその生成過程が依存した状況にたち現れるものとして位置づけられる。

G.H.ミード、稲葉三千男ほか訳 1974『精神・自我・社会』青木書店

個人化（個人主義化）：一般的には社会に価値の中心を定める状態から個人に価値の重心を移す過程のことを指す。自由と権利を個人の視点から尊重する態度をいう。国家や共同体といった社会からの干渉やコントロールを極力低減することに価値をおく思想である。個人主義の成立は、歴史的に近代社会の成立以降とされている。この場合、社会は個人の集合体として捉えられ、あるべき姿の社会とは、幸福な個人が最大多数になることである。したがって、社会にとって良きことと個人にとって良きことと重なるような社会制度が目指される。

しかし、個人化を進行させる社会には、個人それぞれにとって合理的、もしくは最大の幸福を目指すことが社会にとって最善にはならないという社会的ジレンマがある。したがって、個人の自由を確保した上で、社会秩序が成立させる必要がある。そして、この問題の対偶を考えるならば、個人は他者に成り代わることができないのに、自己の他

者の意図に対する予期や自己が表現した意志や意図が他者に対して伝達可能なのか、という問題をも含む。つまり、コミュニケーションが成立していることを個人は確かめる術をもたないにもかかわらず、コミュニケーションがあたかも成立しているように個人はふるまい、そこに社会がたち現れるのはなぜなのか、という問いを扱うに適する分析対象としても考えられる。

大澤真幸 1998『恋愛の不可能性について』春秋社
大澤真幸 2004『性愛と資本主義』青土社

【Q & A】

質問 近代社会の成立後に出現した個人化の進行は、近代化が成熟した社会に生きる人々に対してどのような負荷をかけていますか？

答え 近代社会以前の社会においては、個人よりも国家や共同体といった社会の論理や利益が優先されるため、個人の生きる意味は考える必要のないことでした。村落や家業、魔術や宗教といったその社会特有の価値を支える制度が、生まれた瞬間から人間存在に意味を与えてくれたからです。したがって、職業選択や結婚相手は、個人が決定するものではなく、個人をとりまく環境によって決定されるものでした。しかし、近代社会が成立した後、自由に選択する個人が社会よりも優先されるという価値観が浸透することによって、個々人の生きる意味すらも自身で管理しなくてはならない時代になりました。こうして、人々は生きる意味をもとめ、「私は誰か？」という問いに取り憑かれ、いつも自身を肯定してくれる他者を獲得する努力を続けなければならない状況を生きていくことになったと言えます。

6章　都市と路上で生きる人々

山口　恵子

【要　約】

　本章では、路上で生きるホームレスの人々をとりまく包摂と排除の動向の検討を通して、後期近代における大都市の特徴について考える。まず、都市のリサイクルシステムに食い込んで稼ぐ、野宿する人々の仕事を記述する。様々な困難のなかで生活を形づくっている様子に「自立」の姿を読み解く。次に、こうした人々が社会においてどのように位置づけられているのか、福祉国家の進展と貧困対策についてふりかえったのち、日本のホームレス対策の検討を行う。ここでは限定的な「自立」支援を中心とした包摂と、空間管理による排除が進んでいることを指摘する。

【キーワード】 ホームレス、排除

はじめに──ホームレス？

　そびえたつ超高層ビル群、きらびやかなデパートの林立する買い物ゾーン、快楽が花開く歌舞伎町、日本でもっとも乗降客数が多いと言われ、毎日約400万人もの人々が行き来する新宿駅。あらゆるものがぎゅっと詰まったエネルギッシュな街、そして人々を惹きつけてやまない懐の大きな街、それが東京・新宿である。1990年代半ば、この魅惑的な街で、多くの人々の目を釘付けにした現象があった。新宿駅西口の地下街に、もうひとつの新しい「街」ができた。腰ぐらいまでの高さの黄土色の家が、壁に沿って一列に並んでいる。家はよく見ると角がビニールの紐で上手に縫われて、簡単には崩れないようになっている。窓やドアがあり、中は生活用品がつまっている。お味噌汁のいい匂いが漂ってくる。そこには、ごく「普通」の暮らしがあった。一見して違うのは、それらの家がダンボールで作られているということと、住む人がほとんど男性だということくらいである。

　日本では1990年代に入ってから、このような路上で生活する人々が増加したと言われている。2001年に行われた「ホームレス」の実態に関する全国調査によると、最低限の数であると思われるが、日本全国で25,296人の「ホームレス」が確認された。都道府県別でもっとも多いのは大阪府で7,757人、次に東京都6,361人、愛知県2,121人、神奈川県1,928人の順に多い（厚生労働省 2003、pp. 8-9）。大都市がやはり多くなっているが、近年は中・小の地方都市における増加も指摘されている。

　本章では、こうした大都市の路上で生活している人々を対象としたフィールドワークから、都市における貧困層の包摂と排除について考えてみたい。彼／彼女らは都市の路上でどのように暮らしているのか、それは「ホームレス」の対策のなかで、どのような位置を占めているのか、そしてこのような路上で生活する人々を取りまく状況から、私たちの現代社会のどのような特徴が見えるのだろうか。

　なお、日本で「ホームレス」といった場合、法律上も一般的にも、屋外で野宿している人々を固有名詞のように指して使う傾向がある。しかし本来、英語の"homeless"という単語は、恒常的な家や住所がない状態を指す形容

詞であり、名詞は"homelessness"である。しかも、諸外国では、ホームレス状態とは、一時的なシェルターや施設に入居している状態や、知人や親族の家に宿泊している状態も含めることが多い。いわゆる「ネットカフェ難民」や「マック難民」とマスメディア上で名指される対象も、ホームレスの人々なのである。よって、本章で念頭に置くのは、ホームレス状態にある人々のうちの、野宿（路上生活）する人々である。日本で一般的に使われる意味で用いる場合は「ホームレス」とカギカッコに入れて表記する。

1. 都市のインフォーマルセクターで稼ぐということ
1　路上で生活する人々の仕事

　まずは、虫の目で路上で生活するホームレスの人々の仕事について見てみよう。

　我々がフォーマルセクターで雇われて仕事をする場合には、何らかの自己証明をすることをもとめられる。それは、履歴書や身分証の提示という形をとることが多く、少なくとも住所や連絡先が問われる場合がほとんどである。また仕事に耐えうる体の健康状態ももとめられよう。しかし、野宿の状態にあるということは、まずもって住所や連絡先が示せないということである。そして履歴書や身分証も出せなくなる場合が多い。しかも私たちは、野宿している、それだけで彼／彼女らにスティグマを貼りがちである。A・ゴフマン（1970）によるとスティグマとは、ある社会における「好ましくない違い」であり、この「違い」に基づいてスティグマを負った者に対する敵意が正当化されたり、当人の危険性や劣等性が説明され、その結果、様々な差別が行われたりするものである。日本社会では「ホームレス」と言えば、「なまけもん」「汚い」などの強いスティグマをおびることになりがちである。

　こうして、野宿状態にある場合、稼げる仕事は著しく限定されてくる。都市生活研究会（2000）の、東京の野宿者710人を対象に行われた「路上生活者実態調査」によると、対象者の約半数にあたる351人が、現金収入のある仕事についていると答えている。仕事内容は建設業や運輸業の日雇の仕事もあるが、様々な雑多な生業、例えば、廃品回収（空き缶、銅線、廃品のテレビやビデオなどの電化製品、ダンボール他を集める）、本集め（駅等で捨てられた雑誌や本を

集める)、屋台手伝い、銀杏集めなどがある。日雇の仕事は建設業が多いが、業界は極度に冷えこんでおり、仕事も減っている。多くの人々は、日雇の仕事につく機会がだんだんと減り、その分を雑業(インフォーマルセクター)で補うようになる。

以下では、東京で野宿する人々にとって主な収入源となっているアルミ缶の収集・売買に焦点をあてて、そのインフォーマルセクターの展開と人々の働き方について見ていく。なお、用いているデータは、とくに言及がない限り、1995年ごろからのフィールドワークから得たものである。語りのなかで、〈ヤマカッコ〉でくくっている部分は、わかりやすくするためにこちらで言葉を補ったものである。

2　都市におけるアルミ缶のリサイクルシステム

大都市での活発な生産・消費活動は大量の廃棄物を生み、それへの対応がつねにもとめられる。近年は「循環型社会」を目指した様々な法整備と処理システムの構築が進み、東京ももちろんその例外ではない。

東京でアルミ缶はそもそもどのようにリサイクルされているのだろうか。

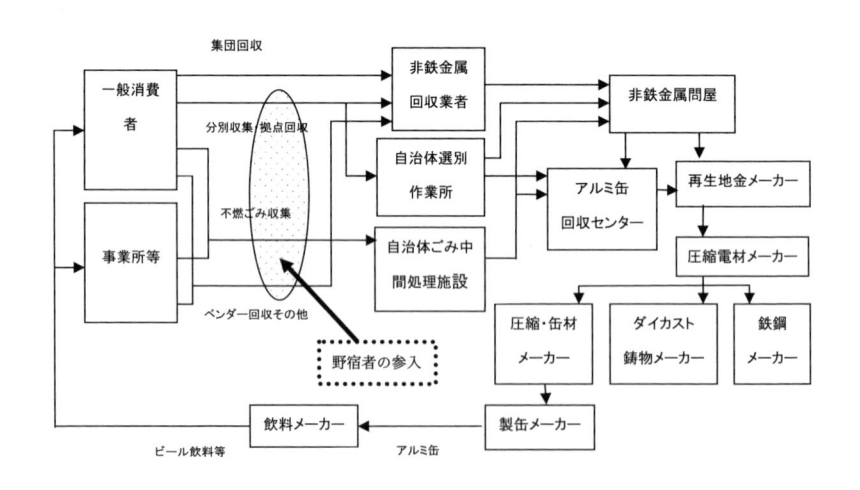

図6-1　東京都内のアルミ缶の流通ルート
出所) 東京都清掃局 (1994、p. 9) より一部改変して作成

図6-1は1994年段階での都内のアルミ缶の流通ルートの概要を示している。ルートは、まず一般消費者から出された缶は、自治体によって資源ゴミとして分別回収および拠点回収されたり、消費者自身によって集団回収（町会、ボランティア、学校等）が行われる。一般事業所のものは主にベンダーやその他によって回収される。集められた缶は回収業者や問屋をへて、再生地金メーカー等に渡り、溶解され、それぞれ再製品化される。

図6-1の流通過程において、回収業者や自治体が一般消費者や事業所等から缶を集める間の楕円で囲んだ部分が、野宿する人々が参入する位置である。多くの野宿者は、住民が缶を分別して捨てる資源ゴミの日に、自転車や台車を引いて地域をまわり、缶を集める。その缶は、足でつぶして大きなビニール袋に入れられ、近辺の廃棄物再生事業所に直接もちこんだり、トラックで巡回してアルミ缶を買い取りにくる回収業者に売ったりする。路上で生活する人々の集める缶をめぐっては複数の業者が競合しており、買い取りの値段が落ちにくくなっている側面がある。

3　いっちゃんのアルミ缶集めの一日

例えば、2001年2月27日のいっちゃん（62歳）のアルミ缶集めの仕事の1日を追ってみよう。いっちゃんは、東京東部を流れる隅田川の堤防沿いに小屋を構えて生活している。

この日のアルミ缶集めは18時ごろに出発。横1メートル、縦1.5メートルくらいの頑丈な手押しの台車を押して歩く。かれは、その台車を歩道と車道を区切る白い線の外側にぴったり沿わせ、ゴロゴロゴロというリズミカルな音を奏でながら、早足で押して進んでいく。

道端には、資源回収のコンテナが点々と置かれている。側面の下の方はメッシュになっているので、うっすら中の様子が見える。いっちゃんはそれを遠くから見て、スチールとアルミの缶を一瞬にして見分けているらしい。ほとんど止まらずにちらちらとカゴを遠目に見て進んでいく。アルミ缶があれば止まり、巨大なゴミ袋に入れていくが、いっちゃんは決して、ガラガラガラと無造作に袋に放り込まない。片手に1個か2個、そっとつかんで、袋にそっと落とす。缶が擦れてうるさい音をたてることには、相当気を配っている。

22時までに、台東区と荒川区の主に商店街・繁華街の一部をぐるりと回ったが、缶は袋1つ分、4キロぐらいしかなかった。「少ないよ、いつもならもう2つ分はあるはず」とかれは言う。ふと、自転車で缶を集めている人といっちゃんは長話を始める。この自転車がすごい。荷台にハッポウスチロールのような人幅よりはるかに大きい箱を2つ積み、さらにその上にふくらんだビニール袋を載せ、乗っている人の上半身を超えている。それに横に袋をまたくくりつけている。やや長髪の帽子をかぶったこの男性と、いっちゃんは延々としゃべっていた。「知ってる人ですか？」「はい、近くの人。俺のほかにも今日は向こうで2人くらい〈缶集めを〉やってるって。」

　今日は、ビン・カンの資源回収の日に当たっている荒川区西尾久地区の方まで足を延ばすということで、ひたすら歩いた。早足で1時間は歩いたはずだ。足がだんだん悲鳴をあげてくる。足の裏がひりひりして、足の甲の全体がしびれるような痛み。歩きつづける疲れのピークの頃、いっちゃんがいつも缶コーヒーを買って休むという自動販売機の前で休憩となる。2車線の車道の脇で、近くを車がビュンビュン走る。体をめいっぱい自動販売機の脇に寄せて、座り込み、少しだけ話をする。

　　体が寒くなくても、缶の残りで手が濡れるでしょう。手がとても冷たくなる。だからコーヒー買ってあっためる。この前はとっても寒かったので、一晩に5本飲んだ。そうしたら腹こわした。俺、牛乳が駄目なんだよね。5本も飲んだからコーヒーの中の牛乳に当たったらしい。帰ってすぐ毛布にはいってもだめ。足の裏ともも、肩それぞれに2つずつカイロ貼ってるけど。カイロは何度も使いまわしてる。一度使ったものでも、やっぱりちょっとはあったかいんですよ。でもあたってるところだけで、芯から温まれない。体の芯から冷えてるから。12時、1時ぐらいになると、風が違うもん。急に冷たい風がぶわっと吹きはじめる。寒くなってくると、この〈台車の〉取っ手のところが握っててもあったまらなくなってくる。でも寒いなんて言ってられないですから。夏場はなめくじが出るんですよ。臭いに寄ってくるんだよね。あと夏は蚊が出る。結構疲れますよ。朝帰ってから、30分でも寝るようにしてます。でも寒くて。普通は5時間くらいの睡眠。昼間に寝てるよ。

　22時半頃に西尾久に着く。西尾久は基本的に住宅街が広がっている。先

ほど回った地区とはずいぶん違い、狭い通路をはさんで家屋がびっしりと並んでおり、シーンと静まり返っている。台車の切れ目ない車輪の音が、やけに響き渡る。はじめ、いっちゃんの2, 3メートル後ろや横にくっついて、私も歩いていた。でも、いっちゃんはすぐに「少し離れて歩いて、文句来そうなとこだから」と言う。

午前0時半頃で、15キロ、袋4つぶんぐらい。ひとまわりして、もう一度ほぼ同じコースをまわった。雨がぽつぽつと落ち、本降りになってくる。相当冷え込んできた。ザーザーと暗く濡れてかすむ風景のなか、カッパのフードをかぶったいっちゃんの三角の頭のシルエットがもくもくと前を歩く。少し前かがみになったそのシルエットが何とはなしにさみしく、暗い。でもゴロゴロという絶え間ないリズムがけっこう力強いのが印象的だ。そう言えばいっちゃんは、「天気や季節が悪い方がいいよ」と言ってた。つまり、競争相手が少なくなるからである。こちらは悪コンディションで大変だ、と思っているが、実はかれはとても勢いづいているのかもしれない。

午前2時半、缶は22キロ。最後に、直線道路をもう一度通って帰ることになる。最後に着いたのは駅のそば。ここでいっちゃんと別れる。いっちゃんはまたこれから、もと来た道を戻って、雨の中、台車もいれると40キロ近くをゴロゴロ押しながら帰るのだ。今日は11時間労働、トータル25キロとしても、2,000円に届かない。一般的な時間給にして約3時間分ですむ額である。これを週に4回は行う。かつ暗闇を一人で歩く危険や、文句を言われる可能性のあるリスキーな仕事である。でも、いっちゃんの淡々と繰り返す仕事は、リズムがあるからだろうか、安定しているように見える。

4　都市に埋めこまれた仕事

このような路上で生活をする人々が従事するインフォーマルセクターには、いくつかの特徴がある。まず、これらの仕事は都市に特徴的なものである。例えば、読み終わった雑誌等を集める「本集め」でも、人口の集積した東京の電車では読み捨てられる雑誌の量もケタが違い、またそれを買う人も引きもきらないので、そのまま大量の焼却ゴミになるはずのものが商品として流通するのである。また、参入が比較的容易で、収入や仕事の条件などに

関して国家による規制が少ないことがあげられる。例えば、年齢制限などがなく、履歴書などももちろんいらない。税金も取られなければ、労働基準法などの法律の適用も受けない。よって、年齢や過去の経験にそれほど左右されず、広く人々が参入することができる。

しかしこのような仕事は、時間が長い割には極度に実入りが少ないなど、稼ぐ条件が悪い。例えば、図6-2と図6-3を参照してみよう。これは、厚木・平塚など、神奈川県央地区周辺に位置する8つの市において野宿する人々を対象とした調査の結果である。過去1カ月間にもっとも多くの時間働いていた仕事について、日雇系の仕事をあげた人 (40人) と雑業系の仕事をあげた人 (77人) に分けて、過去1カ月間の就労日数と収入額をクロス集計したものである (山口 2001a)。神奈川県の野宿者を対象とした調査結果ではあるが、雑業の仕事の特徴がよく現れている (図6-2、図6-3の点線で囲んだ部分を参照)。つまり、図6-2の日雇系は、日数に比して収入が増加している層も確かに存在するが、現在の仕事の冷えこみの影響で、5日以内で5万円以下のところにケースが密集していることが見てとれる。一方、図6-3の雑業系は、縦軸の収入額の目盛りが日雇系の半分であることからもわかるように、収入が限られている。しかも、日雇系とくらべると、就労日数がはるかに多い。

しかし、このインフォーマルセクターの仕事は、野宿する人々の貴重な収入源としてある。本来ならば自治体および委託を受けた業者が回収してまわるはずのものを、いち早く野宿する人々が集めて売ってしまう。つまり都市社会の既存のシステムに食い込んで稼ぎをひねり出すのである。そのとき、住民に文句を言われないように、様々な気遣いが見られた。また、基本的には同業者を認知し、ときには情報交換や世間話もしながら、ゆるやかな顔見知りの関係のなかで—しかし匿名的な関係のなかで、収集・売買は行われていた。また、いっちゃんは基本的に一人で収集していたが、他の野宿者のなかには、役割分担をするなど、より強い紐帯のなかでよりよく稼ぐための工夫がなされることもある。こうして仕事は都市に埋めこまれ、都市に生きる人々の関係のなかにあった。

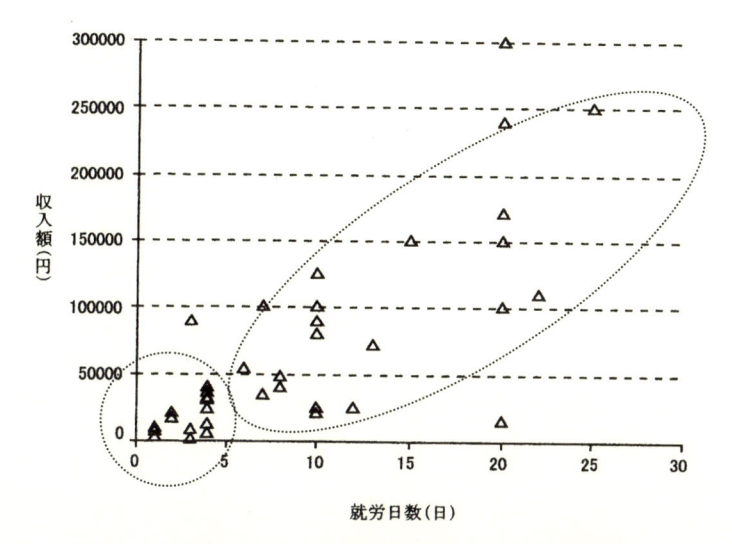

図6-2 野宿者の過去1ヶ月間の就労日数と収入額（日雇系）

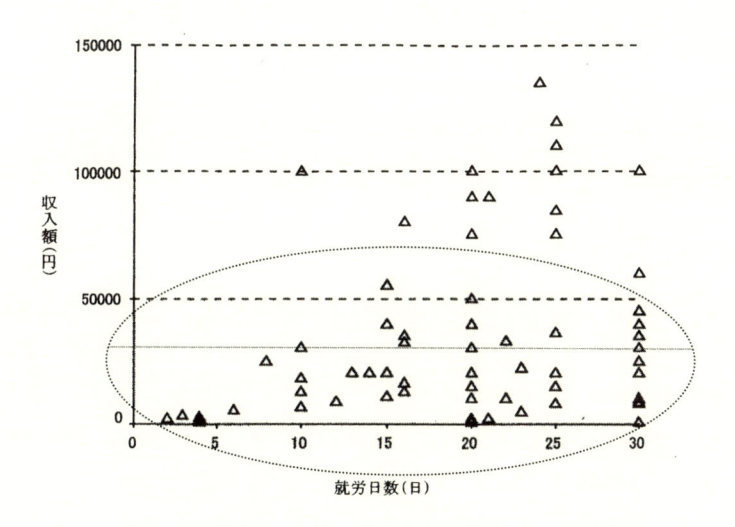

図6-3 野宿者の過去1ヶ月間の就労日数と収入額（雑業系）

5 路上生活への「適応」と「自立」

　そして、こうした路上での稼ぎがより確立されていくことは、彼／彼女らの生活にも大きな影響をもたらしていた。先の東京における「路上生活者実態調査」では、野宿者の仕事と居住形態、野宿期間との関係が明らかになっている。調査対象となった野宿者の居住形態は、「常設型」が41.8％（293人）、「移動型」が58.2％（408人）を占めていた。ここでいう常設型とは、頑丈な小屋・ブルーシート・テント・ダンボールハウス等を特定の場所に常設している状態である。路上生活の期間が1年未満では、常設型の割合は35.3％であったのが、1～5年未満44.2％、5年以上46.4％と、野宿期間が長くなるほど常設型の住まいを確保している傾向があった。さらに、路上生活の期間と現在の仕事の有無の関係では、仕事ありが1年未満では38.1％であるのに対し、1～5年未満55.9％、5年以上54.4％となる。これについては、「1年未満の路上生活の期間の短い人々には、仕事のない移動型が多く、路上生活が長期化するにしたがって、不安定ながらも常設の居住形態をとり、それなりに仕事を見つけて路上生活を維持していく人々が多くなることを示していると考えられる」と指摘されている（都市生活研究会 2000、pp. 47-48）。しかも、仕事がある層でとくに廃品回収をしている層は、日雇やその他の雑業の仕事をしている層よりも、常設型の居住形態の割合が高かった。

　このように条件つきではあるが、人々は野宿生活が長くなるにしたがって、より固定的な住まいを形成し、廃品回収などのより定期的な仕事で生活を構築していく様子がうかがえる。このことは大阪の野宿者を対象とした量的調査からも同様に検証されており、これについて検討を行った妻木進吾（2003）は、野宿状況における「生活の型の確立」と指摘する。つまり、就労による野宿の脱出をとうてい展望できない野宿者は、知恵と工夫を積み重ねることで、野宿を生き抜くためのパターン化された生活を確立していくのである。

　もちろん、いっちゃんが路上生活をエンジョイしているわけではないし（楽しいことがないという意味ではない）、ずっと路上にいたいと強く思っているわけでもない。野宿生活であるがゆえの様々な困難はたくさんある。飢え、寒さ・暑さ、暴力、シラミ、怪我・鬱・依存症……。屋外生活はあっという間に体を蝕み、また、頻発する若者らを中心とした集団での襲撃は、簡単に野宿す

る人々の命を奪っていく (生田 2005)。

しかしそのような困難のなかで、よりよく生きる工夫をこらし、他の野宿している人々と関係をもち、生活が構造化されていく。それは必然的で合理的な、人々の路上生活への「適応」の方法なのである。かれらは、福祉などの援助に頼ることなく路上で「自立」している、そのように考えることはできないのだろうか？ ところが、このような「自立」は、そもそもあってはならないものとされる。

以下では、路上で生活するような貧困者の身体が福祉国家の進展のなかでどのように扱われてきたのか、とくに「自立」の支援に注目しながら、社会からの包摂と排除について検討する。

2. ホームレス対策と「自立」支援

1 福祉国家の進展と貧困政策

路上で生活する人々が、都市のなかで放置されることは少ない。彼／彼女らは、「貧困者」「浮浪者」などとカテゴライズされ、時代に応じた福祉政策の対象になったり、空間から排除される対象になったりしてきた。ここでは、近代化の進行するなかでの、国家による社会福祉の制度化とその変容について確認しておこう。

国民国家の成立によって、生産と生活の領域で、個人や諸集団や企業が自由に行う様々な活動が国家という単位に統合され、同時に共同の事務や基盤整備が政府によって行われるようになった。19世紀後半からは、市場経済が支配的になるにつれ、貧困が拡大していったことに対して、組織的に対応する必要が広く認知されていく。そして各国で、新救貧法や工場法、ビスマルク帝政期の社会保険制度など、様々な政策が試みられた。これらを統合し、新しい社会の方向を示すものとして出現した国家のタイプを、我々は福祉国家と呼ぶ。福祉国家とは何か、については様々な議論があるが、社会保障制度や教育・住宅・保健・医療・福祉などのサービス、完全雇用などの諸政策を、国家が責任をもって供給する体制である。日本を含めて多くの「先進国」において、福祉国家体制が目指され、貧困の予防や対処の政策が体系づけられていった。つまり、それまでの個人による、または地域社会（コミュニティ）

や宗教団体などの各種組織による、自由な支えあいや福祉的な活動から、国家による体系的な福祉の保障が確立されていったのである。

　もっとも、このような福祉対策は、個々の貧困や生活の困難への対応のためだけに行われたのではない。そこには、まずは、先に触れたような躍進する工業に労働力を安定的に供給する必要があった。また、困難を抱えた人々が、新しい社会にとって足手まといになったり、景観を悪化させたり、危険な存在にならないようにという、治安対策の面もあった。とくに都市部においては、人口密度の高いなかで、衛生状態の悪い人々を放置することによって起こりやすいとされた伝染病の蔓延を防ぐという目的も大きかったのである。

　こうして福祉の制度化が進んでいったけれども、1970年代半ばからは「福祉国家の危機」が議論されるようになっていく。つまり、オイルショックによる世界的経済不況などによって財政赤字が増大し、同時に「手厚い」社会政策に対して、強い批判が向けられた。そうしたなか、イギリスでは1979年に保守党サッチャー政権が誕生し、アメリカ合衆国では1981年に共和党レーガン政権が誕生する。これらの政権は「小さな政府」を標榜し、政府の規模を縮小して、民間の活力を利用する政策に着手した。当然のごとく、低所得層・貧困層への政策も縮小されていく。C・ジェンクス (1995) らによると、アメリカで80年代後半に著しいホームレスの人々の増大が見られたのは、レーガン政権下の住宅政策と福祉政策の予算切り詰めが大きな原因のひとつだという。

　1990年代は福祉国家の再編・変容期と位置づけられ、家族や地域共同体、非営利団体などの福祉機能の見直しや、国家の役割の問い直しが盛んである（宮本編 2002）。例えば、イギリスでは1997年に労働党政権のT・ブレアが首相となる。かれは社会学者のA・ギデンズ (1999) をブレーンとして、サッチャー元首相に代表される新保守主義と旧来の社会民主主義を止揚する「第三の道」（刷新された社会民主主義）を標榜し、例えば、福祉の主眼は再分配ではなくて労働促進にあるとして「労働のための福祉」を提唱するなど、政策を次々と打ち出していった。ブレア政権ではホームレスの人々への対策への取組みも早く、1997年には内閣直属の社会的排除対策室 (Social Exclusion Unit) が

設立され、その最初の課題としてホームレス問題が取りあげられている（小玉他編 2003）。

2 日本におけるホームレス対策と「自立」支援

一方、日本もまた、大筋では他の「先進国」と同様の道筋をたどることになる。1986年に自民党中曽根政権が誕生し、「民活（民間活力）」の導入による「小さな政府」化が声高に志向されるようになった。そして、それは2000年以降の自民党小泉政権に受け継がれ、いっそうの実現を見ていく。

このような政治・政策の流れのなかで、貧困層、とりわけホームレス状態にある人々にはどのような福祉的対策がとられてきたのだろうか。例えば、東京は1945年の大空襲で焼け野原となり、東部にある上野公園や付近の地下道を中心に数万人の野宿する人々であふれた。彼／彼らは路上はもちろんのこと、河川敷や公園などに「仮小屋」をたてて生活していた。東京都はこれに対して、繰り返しの「狩り込み」と「施設収容」で対応していった。岩田正美（1995、2005）によると、高度成長期から90年代まで、社会福祉分野でのホームレスの人々への対応は、主に一般的な福祉制度体系の枠内で「つぎはぎ」しながら行われてきており、大きな限界があったという。例えば、生活保護法による住宅扶助・生活扶助による居宅保護、更生施設や宿所提供施設の利用、生活保護の法外援護による臨時的な宿泊所の設置や生活物資の提供などである。

そこで、多くの「ホームレス」の人々を抱える東京都や大阪府、またその支援団体などからの強い後押しもあり、日本でも欧米諸国と同様に、その対策のための特別立法（10年間の時限立法）が新たに制定された。2002年制定の「ホームレスの自立の支援等に関する特別措置法」（以下ではホームレス自立支援法と呼ぶ）がそれである。「この法律は、自立の意思がありながらホームレスとなることを余儀なくされた者が多数存在し、健康で文化的な生活を送ることができないでいるとともに、地域社会とのあつれきが生じつつある現状にかんがみ、ホームレスの自立の支援、ホームレスとなることを防止するための生活上の支援等に関し、国等の果たすべき責務を明らかにするとともに、ホームレスの人権に配慮し、かつ、地域社会の理解と協力を得つつ、必要な

施策を講ずることにより、ホームレスに関する問題の解決に資することを目的とする」(第一条)。これは、「ホームレス」の「自立」の支援・生活支援に関して、国の果たすべき責務を明らかにし、問題の解決をはかることを目的とした画期的な法律であったが、路上での「自立」はもちろん論外であるし、様々な問題が指摘されている (藤井・田巻 2003)。

また東京都は、1994年から他の都道府県に先駆けて、「ホームレス」の人々の「自立」支援策を模索してきた。「自立」支援システムの構築を中心としたそのおおむねの方針が東京都福祉局 (2001) 発行の報告書で示されている。東京都は「ホームレス」への具体的な「自立」支援政策の一部として、「心身が健康で就労意欲があり、自立が見込まれる者」は「就労自立」によって、「行政の部分的な支援を得ながら、就労をめざす者」は「半福祉・半就労」によって、それぞれ「社会生活への復帰」を目指すという (東京都福祉局 2001、p.39)。

この実際の施策の効果について、例えば、自立支援センターでは、労働市場やセンターにおける諸制限、入所者への差別、強いプレッシャーなどの問題により、「就労自立」が困難であることが指摘されている (北川 2005)。ここでの「就労」はもちろん、フォーマルな労働市場における正規雇用の賃労働であり、廃品回収などのインフォーマルセクターの仕事は想定されていない。

3 マイノリティへの「自立」の促進

このようにマイノリティに対して、政府の目指す方向での積極的な「自立」を促すような政策的傾向は、何もホームレス対策に限ったことではない。「障害者」の地域生活と就労を進めて「自立」を支援するという「障害者自立支援法」も、各方面からの反対意見が渦巻くなかで成立し、2006年4月から施行となった。ここでも同様の傾向が見られる。また、地震や津波など自然災害が起これば、最初は公的・私的な緊急援助があふれるが、じきに「被災者の自立」の大合唱が始まる。笹沼弘志 (2006) は、「自立」をこのような独力で他者の援助を受けずに生きること、とくに経済的自立と捉えることを批判し、自立とは「他者の援助を受けていようとも、自分が利用できる様々な手段を活用して、自分の生きたいように、自由に、自己決定により生きていくチャ

ンスが保障されている状態」という。もちろん、極度の財政難のなかで、「小さな政府」を目指して国家の役割を縮小することに意味がないわけではない。しかしこの過度に「自立」を促すような政策的な後押し、およびそれを是認するような私たちの社会の風潮は、実は少し怖いものである。

　その一つは、政府の方針通りに「自立」できる、できた人々は問題ないとしても、何らかの理由でできなかった人、つまずいた人は矢面にたたされるのである。しかも、おうおうにして弱者ほど、そうなる可能性が高い。額田勲(1999)によると、1995年1月の阪神・淡路大震災ののち、最後まで仮設住宅に残った人々は、高齢者、単身者、「身体障害者」、慢性疾患を抱える人々、低所得者、孤立しがちな人々など、社会的に弱い立場にある人々であった。

　さらに、いっちゃんのように、様々な理由によって路上に留まろうとする人、留まらざるをえない人は、「自立」の意思がない、と見なされてしまう。政府は様々な施策を用意し、包摂を試みたのに、積極的に拒否する人、好きで野宿する人、と見なされてしまうのである。そしてこのことは、次のような状況に立たされることにもつながる。

3. 都市における空間管理の進行

1　空間管理の進行

　近年、野宿する人々が貴重な稼ぎの方法としていたインフォーマルセクターの仕事には、様々な規制がかかるようになった。例えば、空き缶は、「資源の持ち去りを禁止する」という内容の張り紙が回収カゴに頻繁に張られるようになったり、地域住民が行政の回収車が来る直前に缶を出すようになったりと、収集が困難になってきた。例えば東京都台東区では、「野宿者が廃品回収の空き缶を抜き取るため、住民が迷惑をしている」と「空き缶抜き取り防止対策」案がまとめられるなどした。アルミ缶を集めるために都市を利用すること、少しでも稼ぎながら路上で生活することは、積極的に都市空間からの排除の対象となる。

　それは、ホームレス対策においても顕著である。例えば、先のホームレス自立支援法には、以下のような文面が盛りこまれていた。「都市公園その他の公共の用に供する施設を管理する者は、当該施設をホームレスが起居の場

138　Ⅱ　ハイモダニティ

禁　止

　公園は、利用者の皆さんが休息や観賞、散歩、運動など屋外レクレーションを行うことを目的に設けられた大切な場所です。このため、公園本来の目的に沿わない、無断で公園を独占的に使用する行為は、他の利用者の迷惑になると同時に、公園管理上支障をきたしますので禁止します。
　皆様のご理解とご協力をお願いいたします。

公園事務所

写真6-1　排除の看板

写真6-2　ホームと家財道具

所とすることによりその適正な利用が妨げられているときは、ホームレスの自立の支援等に関する施策との連携を図りつつ、法令の規定に基づき、当該施設の適正な利用を確保するために必要な措置をとるものとする」(第11条)。つまり、野宿する人々が生活することによって、公共施設の「適正な利用」が妨げられていると判断される場合には、強制撤去なども含めた措置をとることを認めるものである。このような公共施設や空間の「適正な利用」の強調は、法律の文面に突然盛りこまれたわけではなく、従来から東京都をはじめ行政が強力に進めてきたものである。

2 排除型社会の足音？

　ふだん私たちはあまり気にかけていないが、とりわけ都市部の公園や駅にあるベンチをよく見て欲しい。ベンチというベンチのすべてには、中央部分に仕切りが設けられたり、一人が座ることしかできないような作りになったりしている。これは野宿する人々が横になって寝ることができないように、わざわざ工夫がこらされているのである。また、寝泊り禁止という内容のプレートが、そこ、ここに貼られている。警備員の男性がするどく目を光らせて巡回している。そして、町中いたるところに監視カメラが設置されている。このようなセキュリティを過剰にもとめる監視社会の都市を五十嵐太郎(2004) は、「過防備都市」と呼ぶ。しかもこうした「セキュリティ」の上昇を、私たちは喜んで迎えていたりする。

　M・デイビス(1990=2001)は、現代アメリカのロサンゼルスを対象にしたその著書のなかで、1969年のリチャード・ニクソンの予言を参照しつつ、次のように言う。「我々が住んでいるのは、豊かな社会の『堅固に固められた小単位』と、犯罪者にさせられた貧困層と警察が戦う『恐怖の場所』とに無残にも二分された『要塞都市』である」。包括的な「セキュリティ」をもとめるために、都市計画や建築物、警察機構が一体となって都市管理を進めるなかで、富裕層の住む地区とそうでない地区とは隔離され、その壁はますます堅固になっていく(デイビス 2001、pp. 188-190)。現代社会において、「セキュリティ」の上昇は、人々の包摂や統合ということに結びつくのではなく、人々の排除と結びつくようになっているのである。

このような社会のありようについて、イギリスのJ・ヤング (1999=2007) は、「近代」から「後期近代」への変化を、「包摂型社会」から「排除型社会」への変化と指摘する。かれによると、近代社会は「多様性」に対して不寛容な社会であり、「困難さ」には比較的寛容な社会であったという。つまり近代社会においては、多様性による差異は和らげられるものとして捉えられ、実際に同化への努力が試みられてきた。一方で、社会的「困難」と捉えられる反抗者は、社会に復帰させたり改心させる対象と見なされた。これに対して現代の後期近代社会は、差異や多様性は無害化され、賞賛される。差異や多様性は商品として仕立て直され、スーパーや書店で売り飛ばされるなどの、「消費」される対象となるのである。しかしこの社会は、服従しない人々や「危険な階級」と見なされるものは受け入れず、こうした人びとには巧妙な防衛壁を築こうとする (ヤング 2007、pp. 152-154)。こうして「セキュリティの上昇」と呼ばれるような事態が現代都市では進行していることをヤングは指摘するのである。

私の印象では、現段階の野宿する人々をめぐる状況からすると、日本社会はまだロサンゼルスほどの徹底した「排除型社会」の特徴を備えてはいない。しかし、着実にそこへ向かって歩みを進めていることは指摘しておきたい。

おわりに

こうした人々のための「支援」事業が進められる一方で、空間からの排斥が進んでいる。東京都は、将来のオリンピックの候補地にも名乗りをあげるという。大阪の長居公園では、2007年2月、行政代執行によって、路上で生活する人々の強制撤去・排除が行われた。「セキュリティの上昇」「きれいな空間」を進んで選び取ることに慣らされた私たちが、野宿する人々を「危険な階級」とだけ見なすような、「排除型社会」の未来が近づいているのではないだろうか。

私たちは、どこに立っているのか、そしてどこへ行こうとしているのか、フィールドワークは、私たちの社会を知り、行動する手がかりを与えてくれる。

【参考文献】

青木秀男編 1999『場所をあけろ！ ―寄せ場／ホームレスの社会学』松籟社
青木秀男 2000『現代日本の都市下層―寄せ場と野宿者と外国人労働者』明石書店
五十嵐太郎 2004『過防備都市』中央公論新社
生田武志 2005『〈野宿者襲撃〉論』人文書院
岩田正美 1995『戦後社会福祉の展開と大都市最底辺』ミネルヴァ書房
―――― 2005「政策と貧困」岩田正美・西澤晃彦編著『貧困と社会的排除―福祉社会を蝕むもの』ミネルヴァ書房
北川由紀彦 2005「単身男性の貧困と排除―野宿者と福祉行政の関係に注目して」岩田正美・西澤晃彦編『貧困と社会的排除―福祉社会を蝕むもの』ミネルヴァ書房
ギデンズ, A. 1999 佐和隆光訳『第三の道』日本経済新聞社
小玉徹・中村健吾・都留民子・平川茂編 2003『欧米のホームレス問題（上）―実態と政策』法律文化社
厚生労働省編集・発行 2003『ホームレスの実態に関する全国調査報告書』
ゴッフマン, E. 1970 石黒毅訳『スティグマの社会学』せりか書房
笹沼弘志 2006「ホームレス、または世界の喪失」『現代思想』34-9
佐藤裕 2005『差別論―偏見理論批判』明石書店
ジェンクス, C. 1995 大和弘毅訳・岩田正美監訳『ホームレス』図書出版社
妻木進吾 2003「野宿生活―「社会生活の拒否」という選択」『ソシオロジ』48-1
デイビス, M. 2001 村山敏勝・日比野啓訳『要塞都市 LA』青土社
東京都清掃局 1994『資源回収業者育成・支援策調査報告書』
東京都福祉局編集・発行 2001『東京のホームレス―自立への新たなシステムの構築に向けて』
都市生活研究会編集・発行 2000『1999年度路上生活者実態調査』
西澤晃彦 1995『隠蔽された外部―都市下層のエスノグラフィー』彩流社
額田勲 1999『孤独死』岩波書店
藤井克彦・田巻松雄 2003『偏見から共生へ―名古屋発・ホームレス問題を考える』風媒社
宮本太郎編 2002『福祉国家再編の政治』ミネルヴァ書房
山口恵子 2001a「調査対象者のプロフィールと生活実態」神奈川都市生活研究会編集・発行『神奈川県下野宿者調査中間報告書―厚木、海老名、小田原、相模原、茅ヶ崎、平塚、藤沢、横須賀の各市における』
―――― 2001b「現代社会における都市雑業の展開―新宿、隅田川周辺地域の事例より」『広島修大論集』41-2
ヤング, J. 2007 青木秀男・伊藤泰郎・岸政彦・村澤真保呂訳『排除型社会―後期近代における犯罪・雇用・差異』洛北出版

【キーワード】

ホームレス：日本の「ホームレスの自立の支援等に関する特別措置法」(2002) によると、「ホームレス」とは「都市公園、河川、道路、駅舎その他の施設を故なく起居の場所とし、日常生活を営んでいる者」を指す。しかし、例えばアメリカ合衆国などでは、一時的なシェルターや施設などに入居している状態も含めるし、EU諸国ではこれらに加えて、知人や親族の家に宿泊している人々、安宿に泊まり続けている人々なども広く範疇に入れて捉えるのが一般的である（小玉他編 2003）。どのような状態をホームレスとカテゴライズするのか、それは誰にどのような政策の網をかけるのか、ということと直結しており、

時代や国によって異なる。

排除：佐藤裕 (2005) によると、排除とは「もともと（あるいは本来）ある社会のメンバーであるにもかかわらず、そのなかの一部の人々がその社会の外部へと押しやられてしまうこと」(佐藤 2005, p. 41) を言う。外部に押しやるやり方は様々であるが、集団性や地域、あるいは特定のカテゴリーなどによって、その価値を貶められる作用が働く。近年ではフランスから広まった社会的排除という概念によって、通常の諸活動への参加（労働市場や社会福祉制度への参加も含む）から排除される状態を社会問題化する傾向がある。

【Q & A】

質問　ホームレス問題はどうすれば解決するのですか。

答え　みなさんは、路上で生活するような貧困層はかわいそうな社会の犠牲者だ、および自業自得の社会の逸脱者だ、だから問題を解決しなければならない、と思うかもしれません。しかし、社会学は様々な集団・組織・集まりについて、それぞれの集団には役割や規範、意味づけがあり、秩序が形成されていると考え、それを内側から理解・説明しようと試みます。通俗的な規範に照らして逸脱しているかどうかということは、さしあたって問題にしないという態度をとろうとします。そして、その固有の集団（現象）の社会的世界を理解し、そこから私たちの社会の変容や矛盾を相対化したり、さらに実情にそった効果的な対策を模索したりすることを試みるのです。本章では、後期近代都市における包摂と排除について検討しました。何を問題と呼び、何を解決と呼ぶのか、そのこと自体を疑ってみましょう。

III
日本の近代化

7章　地方青少年にとっての学歴と社会移動

髙瀬　雅弘

成立直後の東京大学法・理・文三学部正門（明治10年）と現在の東京大学大講堂（安田講堂）。過去から現在まで、東大は日本の学歴社会の頂点に君臨し続けている。（写真上の出典は文部省『目でみる教育のあゆみ』(1967年)）

【要　約】

　本章では、現代社会を生きる我々が、好むと好まざるとにかかわらず、一度は意識せざるをえない学歴について、それが重要なものとして人々に意識されるようになった経緯について考える。近代化が比較的ゆるやかに進行した東北の地方都市の旧制中学校卒業生たちの社会移動を手がかりに、個人の人生にとって、さらには社会諸階層にとって、「高い学歴」を身につけることがどのような意味をもっていたのかを読み解いていく。こうした作業を通じて、歴史をフィールドワークすることの意義を明らかにしたい。

【キーワード】　学歴社会、属性主義と業績主義、再生産、ライフコース

はじめに

　ビートたけしの少年時代を描いたテレビドラマ「菊次郎とさき」のなかで、母親（さきさん）が息子（たけし）に向かって繰り返し言うことばがある。それは「学問がないといい仕事にありつけない」というものだ。ここで言う「学問」というのは、知識や教養といったものではなく、学歴を指していると考えられる。ドラマの舞台になっているのは昭和30年代であるが、「高い学歴→いい仕事」という図式は、昔も今もあまり変わっていないように思われる。

　いや、学歴のもつ意味は、現代のほうがより多様に広がっているのかもしれない。本来、学歴なんて「そんなの関係ねぇ！」（このネタの賞味期限がいつまでか、筆者としては少々心配である）はずのお笑い芸人やタレントだって、「実は○○大学卒」なんていうふうに、その学歴が注目されたりする。一方で、学歴は長いこと「悪者」扱いされてもきた。高い学歴を身につけるための競争が子どもに過剰なストレスを与えている、といった批判を、読者の皆さんもたびたび耳にしたことがあるだろう。

　好むと好まざるとにかかわらず、現代社会において学歴をまったく意識せずに生きていくというのは、なかなか難しい。「日本は学歴社会だ」というイメージは、それが事実であるかどうかはひとまず置く[1]にしても、多くの人に共有されている。では、そんな誰もが知っている学歴社会というのはいったいいつ、どのようなきっかけで成立したのか。はじめて学歴社会というものに接した人々は、新たな社会のあり方にどう向き合おうとしたのだろうか。そして、学歴を手にすることで、人々の人生にはどのような変化が表われたのだろうか。本章では、ある地方の旧制中学校に通い、卒業していった青少年たちを通して、近代化過程における学歴社会（化）の意味について考えてみたい。

---

[1] 学歴社会をめぐっては、学歴によって個人の将来が大きく規定されるという「学歴社会実像論」と、学歴が個人の能力を示すものとはなっていないとする「学歴社会虚像論」という2つの捉え方が存在する。また、広田（2001）が指摘するように、学歴社会を考える上では、学歴の効果（実態のレベル）と人々がもっている学歴意識（意識のレベル）とがズレている可能性といったことも考慮に入れる必要がある。

1. 学歴社会とは

　多くの人がふだんから日常語のように使っている「学歴社会」ではあるが、まずはその意味をきちんと捉えることから始めよう。

　学歴とは、人々の学校に関する経歴のことである。この学歴には大きく分けて2つの意味が含まれている。ひとつは、小学校、中学校、高校、大学といった学校段階のどこまでを終えているかという経歴（タテの学歴）であり、もうひとつは、大学卒業者のなかでも、「○○大学卒」というように、どの学校を出たかという経歴（学校歴＝ヨコの学歴）である。そして、このような学校に関する経歴が重視される社会を学歴社会と呼ぶ。辞書的に定義をするなら、「個人が到達しうる社会的地位が、学歴によって規定される程度の高い社会」ということになる。

　この定義のなかでは、「個人の社会的地位」というものが問題になっている。それをどう決めるか、その方法はいくつか考えられるが、代表的なものとして、属性主義と業績主義の2つをあげることができる。属性主義とは、人材を選抜・配分する際に、家柄や身分・性などを重視する考え方である。自分の家が裕福かどうか、あるいは男性・女性といった性別は、生まれた時点で決まってしまっていて、変えることは困難である。一方、業績主義とは、人材を選抜・配分する際に、本人の能力や達成したもの、なかでも知的能力を重視するという考え方である。知的能力の証明である学業成績や学歴というのは、本人の努力によって獲得されるものである。つまり、学歴を重視する社会＝学歴社会というのは、業績主義に基づいた社会の一形態として捉えられる。

　そして、前近代の社会から近代社会への転換のなかで生じたのが、身分（属性主義）から能力（業績主義）へ、という変化[2]であった。すなわち、学歴社会というのは、近代化が生み出した新たな社会のあり方なのである。

---

[2] この変化を、イギリスの社会学者マイケル・ヤングは、貴族による支配（aristocracy）や富豪による支配（plutocracy）に代わって、能力（メリット）のある人々による統治・支配、すなわちメリトクラシー（meritocracy）の興隆と捉えた（ヤング 1958=1982）。

2. 学歴社会の成立

個人の能力を測定し、その人にふさわしい地位を決定しようとするときには、競争的な選抜と配分の制度が必要となる。多くの人が経験してきたであろう、入学試験もそのひとつである。この競争的な選抜・配分の制度は、前近代の人々にとってはほとんどなじみのないものだった。というのは、多くの人々にとって、その職業を決めるのは世襲制であったり、縁故やコネといったものだったからである。

そんな前近代社会においても、試験による選抜を必要とするような組織や集団は存在した。それは国家の行政組織、すなわち官僚制である。よく知られているように、試験による人材登用の起源は、6世紀末の中国、隋の時代に設けられた官僚任用制度、科挙である。この科挙は、推薦された人物に対して政府が試験を行い、合格者を官吏に任用するというものであった。しかし、天野 (1982) によれば、実際には高級官僚になった人々の多くは「読書人階級」と呼ばれる教養層の出身者たちであり、そこでの選抜は限定的な業績主義に留まるものであったという。加えて、科挙は学校制度の発展をともなったものではなかった。科挙が生みだした試験制度に、学校制度や資格制度を結びつけたのが中世ヨーロッパの大学であり、やがて19世紀半ばには、義務教育制度と官僚任用のための試験制度が整えられる。このことによって、学校・資格・職業が試験制度によって結びつけられ、業績主義の時代が始まるのである。

日本における学歴社会の起源もまた、学校制度と官僚制度の整備にもとめることができる。日本の近代的な公教育制度は、1872 (明治5) 年の学制公布からスタートするが、これに対応した官僚制度は、1887 (明治20) 年の「文官試験試補及見習規則」によって成立する。この試験制度に関して、エリート官僚の入口となる高等試験については、①帝国大学の法科大学と文科大学 (現在の東京大学法学部・文学部の前身) の卒業生は無試験で試補 (エリート官僚候補) になれる、②特定の学校 (高等中学校および東京高等商業学校 (一橋大学の前身)、文部大臣の認可を受けた学則によって法律学・政治学・理財学を教授する私立学校) の卒業生のみが受験資格を与えられる、という規定がなされていた。これによって、①

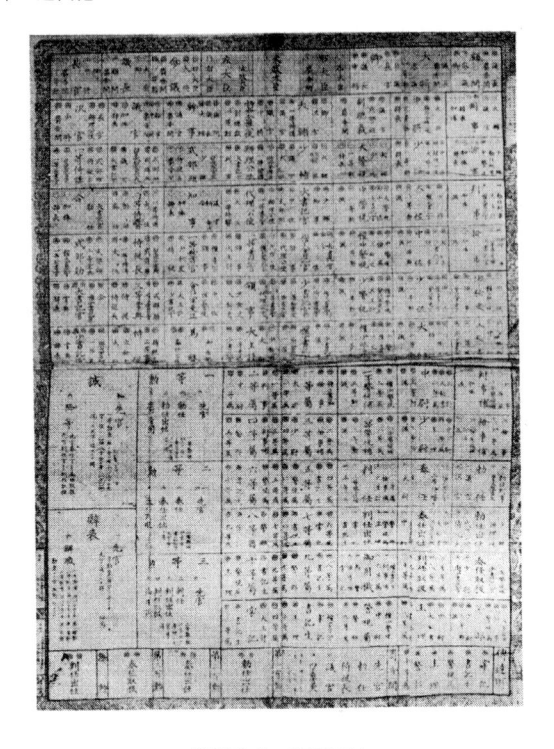

資料7-1　官員双六

当時の人々にとって、官僚や軍人、あるいは裁判官や警察官を経て、最後には政治家に至るというのが憧れの出世のあり方であった。そのいずれもが学歴を必要とする職業である。
出典：唐澤富太郎『図説　近代百年の教育』(国土社、1967年)。

帝国大学を頂点に、②受験資格を得られる学校(現在ある東京の有名私立大学の前身の多くもこれに当たる)、③それ以外の学校、というようなランクづけができあがるのである。当時の青少年にとって、官僚は憧れの職業であった。社会的威信も、そして収入も高かった。そうした官僚の世界に入っていくために、かれらは帝国大学や受験資格を付与される学校を目指していったのである(**資料7-1**)。

　のちに1893(明治26)年の「文官任用令」によって帝国大学卒業生の無試験任用の特権は廃止されるが、このときにできた学歴別のピラミッド構造というのは、現在にもかなりの程度受け継がれていると言えよう。そしてこのようなランクづけは、官僚の世界を飛び越えて、民間の企業組織などにも広く普及していくことになる。

3. 学歴取得と社会階層

　学校制度と官僚制度や企業の職階とが関連づけられたことにより、学歴をステップとして高い地位を手に入れようとする競争が生じることとなった。しかしながら、この競争に対する人々の構えは、同じスタートラインに立って、一斉に「ヨーイ、ドン！」という形にはならなかった。真っ先にスタートを切る者、それを追いかけようとする者、様々であったのである。

　そうした違いは、具体的には社会階層による違いとして表われた（天野1992）。すなわち、親がどのような社会的地位にあるのか、どのような職業に就いているか、によって学歴取得競争に対する態度は異なっていたのである。

　いちはやくスタートダッシュを決めたのは、士族と呼ばれる旧武士階級の人々である。かれらは明治維新によって、それまでの特権も生計の道も失っていた。そうした没落のなかでかれらが見いだしたのが教育であった。士族たちは藩の学校（藩校）で学び、もともと教育の価値を知る人々であった。加えて旧藩の育英制度などを利用して、教育、すなわち学歴をバネに「リベンジ」をはかろうとしたのである。

　一方、士族以外の人々、社会の大多数を占める平民[3]にとって、学歴はどのような意味をもつものであったのだろうか。

　高度な教育に対する親しみという点で、士族と平民との間には大きな開きがあった。そのギャップは、学校制度の普及によって徐々にではあるが、埋められていく。加えて、学校では士族出身の教師たちが、自らの経験をもとに、勉強（＝学歴取得）による「立身出世」を説いていた。それに感化された青少年たちは、上京遊学を志向するようになる。立身出世主義の時代の到来である（キンモンス 1981＝1995、竹内 1991、天野 1992など）（**資料7-2**）。

　平民の青少年たちにとって、「勉強立身」が魅力的であった理由は、平民の大多数を占めていた農民の人生パターンと深く関わっている。よほど裕福な農家でない限り、長男に生まれるか、二三男であるかということは、人生を大きく左右した。親の仕事や土地は、原則として「あととり」である長男

---

3 明治維新直後の時点で、士族が人口に占める割合は6％程度であった。

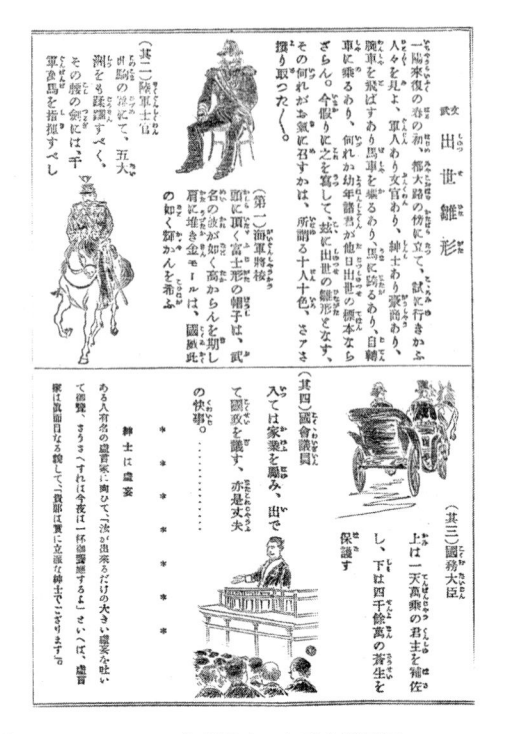

資料 7-2　文武出世雛形

望ましい出世のあり方は、青少年にもメディアを通じて示された。当時の青少年によく読まれた雑誌には、そうした出世の具体例が見られる。
出典：『少年世界』第1巻第1号（1895（明治28）年1月）。

が単独で相続し[4]、二三男は他の家の養子になるか、商家に丁稚奉公に出る、ということが半ば運命づけられていた。かれら、とくに農家の二三男にとって、学歴を取得するということは、こうした「宿命からの脱出」をはかるもっとも有効な方法として受けとめられたのである[5]。

4　もっとも、「長子単独相続」という慣行は、東日本において顕著なものであり、西日本においては「末子相続」といった異なった相続慣行が見られることにも留意する必要がある（橋本 1999、佐藤（粒来）香 2004）。
5　学歴取得の目的は、必ずしも立身出世だけに留まらない。富裕な農民層の場合には、地域社会における威信（ハク）をつけさせるために長男を東京の私学（その典型例が現在の早稲田大学）に行かせたり、商人層には、教養（近代的な知識）と修養（人間関係の形成）を身につけさせることを目的として私学（同じく現在の慶應義塾大学）に行かせる、という形での学歴の意味づけがあったのである。

4. 資料から人生を再構成する

　それでは、「リベンジ」や「宿命からの脱出」を期して学歴取得競争へと関わっていった人々は、実際にどのような人生を生きたのだろうか。具体的な考察に進む前に、ちょっと寄り道をして、方法論についても述べておくことにしよう。

　ある個人の人生を知るもっとも手っ取り早い方法は、直接話しを聞くことである。あるいは、日記や自伝を読むというのもいい。しかしながら、すでに亡くなっている人や、記録を残していない人の場合には、その生き方（ライフコース）を知ることは難しい。それでも、情報量は限られるが、資料から人生を再構成することは可能である[6]。筆者が参加した共同研究（広田編 2001a）においては、学校関係資料に基づいてその作業を行った[7]。

　その際に用いられた学校関係資料は、大きく分けて2つある。ひとつは学籍簿である。学籍簿とは、学校が作成する生徒の在学中の記録であり、ここからは以下の分析で用いるような、生年月日、住所、家族関係等のプロフィールを知ることができる。もうひとつは同窓会名簿である。こちらは同窓会によって作成されるもので、最終学歴、調査時点での居住地と本人の職業に関する情報を得ることができる。

　これらをつなぎあわせることによって、個人がどのような階層の出身者で、どのような学校生活を送り、卒業後にどのような学校に進学し、そしてどのような職業に就いたのか、といったライフコース・パターンを知ることが可能になるのである。その一例として、資料から再構成されたライフコースを示してみよう。

---

[6] 資料に基づいた個人の人生の再構成は、歴史人口学の分野で進められてきた（速水2003など）。また、ライフコース研究者であるタマラ・ハレーブンは、企業に残された職員の履歴簿から、本人や家族の経歴をたどり、産業化がライフコースにもたらした影響について分析を行っている（ハレーブン 1982=1990）。

[7] 以下の分析で使用するデータは、平成10～12年度文部省科学研究費補助金〔基盤研究(B)(1)「近代化過程における中等教育の機能変容に関する地域間比較研究」（広田照幸研究代表）〕によるものである。データの利用にあたっては、研究代表者ならびにデータベースの作成に関わった方々から貴重なご助言をいただいた。ここに記してお礼を申し上げる。

事例1：明治28年4月、〇〇町に士族の長男として生まれる。家業はなし[8]。高等小学校3年修了より明治41年（14歳）中学校入学。大正2年（19歳）に中学校を卒業し、〇〇高等学校を経て〇〇大学文科へ進む。〇〇高等学校教授（昭和2年（33歳）当時）──〇〇大学助教授（昭和8年（39歳）当時）──同大教授（昭和19年（50歳）当時）を経て、〇〇大学教授（昭和25年（56歳）当時）。のち（退官後）〇〇大学教授を務める。昭和2年（33歳）以降一貫して東京市に居住するも昭和19年（50歳）当時は〇〇市に移転している（疎開のため？―筆者註）。

　事例2：明治45年6月、〇〇町に生まれる。族籍の記載なし。在学時の住所は〇〇村。家業は農業で、中学校在学当時の家族構成は母・兄1人・妹1人であった。大正14年（14歳）〇〇尋常小学校卒業後、中学校入学。昭和5年（19歳）に中学校を卒業後、高等師範学校に進学（昭和8年（22歳）当時在学）。のち〇〇市にて師範学校教員（昭和16年（30歳）当時～昭和19年（33歳）当時）を務め、戦後〇〇高校に勤務（昭和25年（39歳）当時）。のち〇〇市に居住（昭和45年（59歳）当時）。

　得られる情報には制約があるけれども、かれらがどのような人生を歩んだかについて、大まかに把握することはできるだろう。

　また、こうした個々のライフコースは、個票型データとして統計的分析を行うことも可能である。統計的分析から得られる情報は、いわば様々な人生の束を「輪切り」にしたものだと言える。つまり資料から再構成されたライフコースから、ひとつひとつの事例を丹念に読み解くことによる個別具体性と、統計分析から導きだされる集合的な傾向の両面について接近することが可能になるのである[9]。

5. 地方から見た学歴社会

　江川達也の『日露戦争物語』というマンガのなかに、主人公秋山真之（1868（慶

---

[8] 資料上に記された家業「なし」には、少なくとも2つの意味があると考えられる。ひとつは、文字通り親が無職である場合であり、もうひとつは土地収入などによって生計を立てている場合である。両者の経済状況は大きく異なる。資料からいずれであるかを判断することは難しいが、様々な可能性を想定するだけの「想像力」というものが、資料と向き合う際にはもとめられる。

[9] ただし以下の分析では、個人情報保護の観点から、学籍簿および同窓会名簿から得られたデータはすべて数値に置き換え、数量データとしてのみ処理・分析を行っている。

7章　地方青少年にとっての学歴と社会移動　153

資料7-3　東都遊学への憧れ

秋山真之（「はははは」と笑っているほう）と正岡子規。秋山は東京大学予備門（第一高等中学校：現在の東京大学教養学部）から海軍兵学校に進み、軍人になる。正岡子規は同じく大学予備門から帝国大学文科大学（現在の東京大学文学部）に進学し、俳人となる。
出典：江川達也『日露戦争物語』第2巻（小学館、2002年）。

資料7-4　立身出世を鼓吹するメディア

立身出世主義はメディアが生み出したブームである。明治20年代以降、様々な「出世本」が出され、青少年に広く読まれていった。
出典：唐澤富太郎『図説　近代百年の教育』（国土社、1967年）。

応4)年生まれ)とその親友正岡子規(1867(慶応3)年生まれ)が、通っていた旧制松山中学校の同級生たちが次々と上京していくのを見て、焦燥感にかられる場面がある(**資料7-3**)。士族の出身である2人は、没落したかつての武士の境遇を肌身で感じながら、学歴取得による立身出世を希求していた。やがてかれらも相次いで東京に出て行くことになる。

　かれらのような地方の青少年たちにとって、東京に出て学ぶということは、現在よりもはるかに大きな意味をもっていた。当時は帝国大学などの官立学校はもとより、私立大学も東京に集中していた。それらの学校に入学するための予備校もまた、東京に出なければ通えなかった。松山中学校とて、愛媛県ではトップの進学校である。しかし、その教育水準は東京の学校とくらべると高いとは言えず、地方の青少年たちは、「地方でぐずぐずしていたら置

資料7-5　荘内中学校の生徒(1)
1902年前後の荘内(のちの鶴岡)中学校の生徒たち。
出典：春日儀夫編『目で見る鶴岡百年　上巻』(エビスヤ書店、1976年)。

いていかれてしまう。何としてでも東京に出なければ」といった思いを強く抱いていたのである（天野 1992）。

　そうした焦燥感を煽りたてたのは、学歴社会の成立とほぼときを同じくして生まれた受験メディアである。情報伝達手段が乏しい時代状況のなかで、青少年向けの書籍や受験雑誌といったメディアが次々に生まれ、立身出世のイメージを作り出していった（**資料7-4**）。その意味で学歴社会は、情報化という近代化の一側面と不可分の関係にあったのである。もっとも、情報化といっても、人々、とくに地方の人々が得られる量は今とはくらべものにならないほど少なかった。そうであるがゆえに、その少ない情報に青少年が群がったとも言える。

　中央と地方。今以上に格差の大きな時代のもとで、地方に残った、あるいは残らざるを得なかった青少年たちは、学歴社会とどのように関わり、どのように行動したのだろうか。以下では、山形県鶴岡市の旧制中学校を事例として取りあげる。

　鶴岡市（かつては鶴岡町）は、映画にもなった藤沢周平の小説『武士の一分』

資料7-6　荘内中学校の生徒 (2)

荘内中学校に制服が制定されたのは1902（明治35）年以後のこととされる。制服に制帽といういで立ちは、エリートであることの象徴として子どもたちの憧れの的となっていく。こうした装いの変化にも「近代化」の影響を見てとることができる。
出典：春日儀夫編『目で見る鶴岡百年　別巻』（エビスヤ書店、1981年）。

『たそがれ清兵衛』に登場する海坂藩のモデル、庄内（鶴岡）藩酒井家14万石の城下町である。肥沃な穀倉地帯である庄内平野の南部に位置し、農業が主要な産業で、戦時工業化が進むまでは近代化が比較的ゆるやかに進行した地方都市である。この地に旧制中学校が設立されたのは、1888（明治21）年のことである。私立荘内中学校として設置されたこの学校は、1901（明治34）年に県に移管され、山形県立荘内中学校となり、1920（大正9）年に鶴岡中学校と改称している（**資料7-5、6**）。

この、城下町であり、穀倉地帯に位置するという鶴岡の特性をかんがみ、士族と平民、農業を中心とした長男と二三男（「あととり」と「非あととり」）といった違いに注目して、それぞれの進学行動に見られる特徴を見ていくことにしたい。

1 士族と平民——族籍の影響力

先に述べたような、士族たちの教育に対する強い関心は、明治中期に至っても教育機会や職業機会における優位性として持続したとされる（園田他1995）。それどころか、安田（1971）は、戦後（1965年）に行われた調査の分析において、この時代にもなお社会移動に族籍の影響が見られることを明らかにしている。つまり、前近代の身分を引き継ぐ属性が、近代以降—明治維新から100年近く経ったのち—も影響力を保っていたのである。

では、士族であるか平民であるかといった違いは、学歴取得競争においてどのような形で表われたのか、そして、族籍は、他の属性とくらべてどれほどの影響力をもっていたのか、この2点について、考えてみよう。

これまでの研究においては、全国的には平民の中等教育機会の拡大は1897（明治30）年前後がひとつの転換点となり、以後は士族の入学者に占める割合は低下したとされる（菊池 1967、天野 1992）。鶴岡中学校では、それよりも遅く1920（大正9）年が転換点となっており、それまで約3割を占めていた士族の割合が、以後2割程度にまで低下している。これは士族が不利になったというより、中学校をはじめとした中等教育機関が増設され、平民にとって教育を受けるチャンスが広がったことによるものと考えられる。

このことをふまえて、中学校卒業者たちが卒業後上級学校に進学したかど

表7-1 族籍別の上級学校進学率
(％)

	1908-20年	1921-30年	1931-37年	全体
士族	73.1 (242/331)	64.9 (126/194)	64.9 (74/114)	69.2 (442/639)
平民	61.8 (397/642)	62.2 (311/500)	59.7 (207/347)	61.5 (915/1,489)

註：上段は進学率、下段は実数。
出典：広田・鈴木・高瀬(1999)。

うか(進学率[10])と、どのようなタイプの学校に進学したのか(最終学歴)を、データ[11]から読みとってみよう。**表7-1**は、士族と平民の上級学校への進学率の変化を示したものである。

全体としては士族が優位な傾向にあることがわかる。同時に、必ずしもはっきりした形では表われていないが、時代が下がると士族と平民の差は小さくなってきていると推測される。リードしていた士族を、平民が必死に追いかけた結果と言えるかもしれない。

先行研究では、士族は官僚の世界に直接結びつくような、帝国大学や官公立の専門学校といった「正系ルート」への指向性が強いとされてきた(園田他1995)。このことを確かめるために、進学先の学校タイプ(最終学歴)の構成の変化を示したものが**表7-2**である。

「正系ルート」については、帝国大学についてはほとんど差は認められない。ただし、官公立の専門学校の割合は士族のほうがやや高くなっており、反対に私立の専門学校については平民のほうが高くなっている。師範学校や軍関係学校は、時期によって傾向が一貫していない。顕著な差とは言えないまでも、官公立専門学校の占める割合の高さを考えれば、より高い学歴、そして官僚や軍人になるためのチケットを手に入れる上で士族が優位であったと言えそうである。

---

[10] ここでの「進学」は、同窓会名簿に最終学歴(何らかの上級学校名)が記載されている者を「進学した人」として扱ったものである。

[11] ここで参照するデータは、1908(明治41)〜1937(昭和12)年の間に鶴岡中学校を卒業した2,943人を対象としたものである(ただし、「不明」を分析対象から除いているため、項目によって分析可能なケースの数は変化する)。なお、時代ごとの変化を見るために、この期間を1908〜20年、1921〜30年、1931〜37年の3期に区分している。

表7-2 族籍別の最終学歴構成（％）

		帝国大学	官公立専門学校	私立専門学校	師範学校	陸海軍諸学校	その他	合計（実数）
1908-20年	士族	16.5	37.2	26.4	11.6	5.8	2.5	100.0（242）
	平民	17.6	35.0	30.0	8.1	6.5	2.8	100.0（397）
1921-30年	士族	17.5	27.0	34.1	17.5	0.8	3.2	100.0（126）
	平民	18.6	23.8	40.5	12.5	1.0	3.5	100.0（311）
1931-37年	士族	8.1	29.7	36.5	9.5	6.8	9.5	100.0（74）
	平民	8.7	23.7	41.1	14.0	2.4	10.1	100.0（207）
全体	士族	15.4	33.0	30.3	12.9	4.5	3.8	100.0（915）
	平民	16.0	28.6	36.1	10.9	3.7	4.7	100.0（1,357）

出典：表7-1と同じ。

次に、族籍の影響力を他の属性との関係から捉えてみよう。ここで注目するのは親の職業である。職業は、現代に至るまで、社会的分節化のもっとも大きな要因として捉えられている。さらに、その大部分が近代化の過程のなかで賃金労働として整備されてきた。族籍が前近代からの流れをくむ属性だとすると、親の職業は近代的な属性として捉えることができる。

表7-3は、表7-1に親の職業という変数を加えたものである。すると同じ

表7-3 親の職業・族籍別の上級学校進学率（％）

		公務・自由業	商工業	農業	その他	無業
1908-20年	士族	71.2 (121/170)	76.1 (35/46)	46.7 (7/15)	75.0 (3/4)	79.2 (61/77)
	平民	74.7 (74/99)	53.2 (134/252)	61.0 (114/187)	74.2 (23/31)	71.7 (33/46)
1921-30年	士族	72.6 (77/106)	55.2 (16/29)	53.8 (7/13)	50.0 (2/4)	58.3 (21/36)
	平民	72.5 (79/109)	58.1 (108/186)	56.3 (67/119)	60.0 (15/25)	75.0 (30/40)
1931-37年	士族	71.9 (41/57)	40.0 (6/15)	100.0 (5/5)	66.7 (2/3)	62.1 (18/29)
	平民	65.2 (60/92)	57.1 (68/119)	57.7 (45/78)	47.6 (10/21)	71.7 (33/46)
全体	士族	71.8 (239/333)	63.3 (57/90)	57.6 (19/33)	63.6 (7/11)	70.4 (100/142)
	平民	71.0 (213/300)	55.7 (310/557)	58.9 (226/384)	62.3 (48/77)	73.0 (81/111)

註：上段は進学率、下段は実数。
出典：表7-1と同じ。

表7-4 親の職業・族籍別の「正系ルート」の対私立比率

族籍別	公務・自由業		公務・自由業（除医師）		商工業		農業		その他		無業	
	士族	平民	士族	平民	士族	平民	士族	平民	士族	平民	士族	平民
	1.79 (120/67)	1.39 (104/75)	1.68 (106/63)	1.74 (75/43)	1.25 (25/20)	1.25 (136/109)	(1.83) (11/6)	1.09 (94/86)	(4.00) (4/1)	0.70 (14/20)	1.38 (47/34)	1.41 (41/29)
全体	1.58 (224/142)		1.71 (181/106)		1.25 (161/129)		1.14 (105/92)		0.86 (18/21)		1.40 (88/63)	

註：上段は比率、下段は実数（帝大・官公立専門進学者／私立専門進学者）。
註：表中上段の（ ）つきの数字は、ケース数がきわめて少ないものである。
出典：表7-1と同じ。

職業のなかでは、士族と平民の違いはほとんどなくなってしまう。全体を通して見たときに、商工業のみ士族の優位が認められるけれども、これとて3つの時期を通じて一貫した傾向であるわけではない。むしろここから浮かび上がってくるのは、それぞれの親の職業ごとの進学率の違いであろう。とくに公務・自由業[12]の親をもつ人々の進学率の高さが目立っている。

進学先については、「正系ルート」対私立専門学校という観点に絞って検討する。**表7-4**は、親の職業別・族籍別に、私立進学者に対する「正系」進学者の比（私立進学者を1とする）を表したものである。

ここでは、公務・自由業において士族と平民の明らかな差が認められる。ただし、この平民の数値の低さは医師[13]が含まれていることによっている。どういうことかと言うと、医師になるための学校の多くは私立専門学校であり、親のあとを継ごうとする医師の子弟の分だけ私立専門の比率が高く（「正系ルート」が低く）なってしまうのだ。そこでこれを除外して計算してみると、ここでも士族と平民の差はなくなってしまう。

実は、士族と平民の違いとして見えていたものは、親の職業による違いだったと考えられる。もっとも、族籍と親の職業には密接な関連がある。具体的には、公務・自由業には士族が多く、商工業や農業には平民が多くなってい

---

[12] ここでの公務・自由業というカテゴリーは、官公吏、会社員、専門（司法や医師）、教員といった職業からなっている。必ずしも厳密ではないが、新中間層というカテゴリーと重なるものである。

[13] 医師という職業は、高い学歴を必要とする（近代的）と同時に、世襲性が高い（前近代的）という独特の特徴をもつものとして位置づけることができる。

る。ここからわかることは、青少年たちの進路に対する、前近代的な族籍の影響力というものが、近代的な職業に取って代わられた、という可能性である。旧制高等学校入学者の属性を分析した竹内 (1999) の分析からも、同様の指摘が導き出されているが、その前段階である中学校においても、そうした傾向が認められるのである。

2　長男と二三男──兄弟順位による学歴の意味の違い

　上に見たように、親の職業が何であるかによって、より高い教育を受ける機会や、どのような学校に通うかには違いが表われる (菊池 1967、2003、米田 1992など)。しかし、同じ家に生まれたからといって、必ずしもきょうだい全員が同じような教育を受けられるわけではない。そこには当然個人の能力といったものが関わっている。しかしそれらに加えて重要なのは、長男と二三男といった兄弟順位である。安田 (1971) によれば、日本社会では、親の職業や財産を相続する上で、兄弟順位が特別な意味をもってきたとされる。

　親の立場からすると、子どもの幸せを願うのは当然であっただろうが、それと同じく、いや、ひょっとしたらそれ以上に大切なのは、家の存続と繁栄である。もちろん、子どもたち全員に等しく高い学歴を身につけさせることができるのなら、それに越したことはない。しかし、それが難しいとなれば、誰かを優先して教育を受けさせるといったことを考えなければならない。そこで、先ほどと同様のデータ[14]に基づき、親の職業をもう少し細かいカテゴリーに分類した上で、職業ごとに長男と二三男とでどちらがより多く中学校や上級学校に進学しているか (進学行動)、卒業後にどこに住むか (地域移動)、どのような職業に就いたか (本人の職業) を見てみることにしよう。

　表7-5は、中学校入学者の兄弟順位の構成を、親の職業ごとに見たものである。なお、前提条件として、それぞれの親の職業ごとに平均の男きょうだい数を見た場合、ほとんど違いは見られない[15]。

---

[14] データ上の制約から、先ほどのデータとは対象時期やケース数が異なっている。ここでの分析対象は、鶴岡中学校に1893 (明治26) 年から1925 (大正14) 年までに入学した3,921人である。

[15] 全体の平均男きょうだい数 (本人を含まない) は1.52人である。この数字から長男・二三男の構成比を算出すると、長男39.7%、二三男60.3%となる。

表7-5 親の職業別の長男・二三男構成

(%)

	新中間層						旧中間層			無業	全体
	官公吏	会社員	専門	教員	軍人・警察	神官・僧侶	農業	工業	商業		
長男	36.4	43.1	35.6	49.7	52.0	37.0	27.8	38.2	39.3	34.0	36.4
二三男	63.6	56.9	64.4	50.3	48.0	63.0	72.2	61.8	60.7	66.0	63.6
実数	(247)	(109)	(160)	(181)	(50)	(81)	(612)	(246)	(590)	(359)	(2,769)

出典：髙瀬（2002）

　これによれば、親の職業によってずいぶんと違いがあることがわかる。長男について言えば、農業の低さが目立つ。逆に軍人・警察、教員、会社員といった職業では、その割合は高くなっている。こうした違いが表われる理由としては、家族文化の影響が考えられる。

　ここでの家族文化とは、「農業の「あととり」には教育はいらない」といった考え方である。長男は黙っていても家と土地を相続する。これは長子単独相続慣行が根強かった庄内地方農村の地域特性とも合致する。一方、継承するもののない二三男は学歴をバネに都市に出るしかない。また、資産を継承できない代わりに親が率先して教育機会を与えるということもあったのかもしれない[16]。

　加えて、それぞれの家庭の経済状況が影響していた可能性もある。髙瀬（2002）は、地域の税務資料（戸数割）を用いて、経済階層ごとに中学校入学者の兄弟順位の構成を見た場合、階層が低いほど長男の割合が高くなる、つまり、家計に余裕がなければ、まずは長男を優先して学校にやる、という傾向を見いだしている。

　では、この中学校入学時点に見られる違いは、その後も維持されるのか、それともなくなるのだろうか。表7-6は兄弟順位ごとの上級学校進学率を親の職業別に示したものである。

　ここでは、先ほどとは異なり、農業だけでなく、工業や商業でも二三男のほうが長男よりも進学率が高くなっている。一方で、新中間層や無業では、

---

[16] こうした傾向は、必ずしも全国的にあてはまるものではないと考えるべきである。井上（2006）は、兵庫県立神戸第一中学校の学籍簿の分析を通じて、中学校への進学機会には鶴岡とは反対に長男優先の傾向が強いことを明らかにしている。

表7-6 親の職業・兄弟順位別の上級学校進学率 （％）

	新中間層						旧中間層			無業	全体
	官公吏	会社員	専門	教員	軍人・警察	神官・僧侶	農業	工業	商業		
長男	66.7 (46/69)	73.7 (28/38)	89.8 (44/49)	78.6 (55/70)	68.4 (13/19)	77.3 (17/22)	46.6 (55/118)	52.2 (35/67)	48.2 (82/170)	72.9 (62/85)	61.8 (437/707)
二三男	66.4 (81/122)	59.3 (32/54)	75.9 (63/83)	67.6 (46/68)	60.0 (12/20)	70.3 (26/37)	63.4 (204/322)	65.0 (78/120)	61.5 (163/265)	71.3 (119/167)	65.5 (824/1,258)

註：上段は進学率、下段は実数。
出典：表7-5と同じ。

長男の進学率が二三男と同等か、それよりも高くなっている。つまり、家業の継承と直接関わりのない新中間層では、長男を率先して進学させ、反対に旧中間層では二三男が優先されるというように、親の職業によって中学校のもつ意味や果たす役割が異なっていたと考えられるのである。

このことをもう少し掘り下げて考えるために、卒業後の地域移動と職業的再生産について見てみることにしたい。**表7-7**は同窓会名簿に記載された鶴岡中学校卒業生の30歳代時点の居住地から、県外流出率をもとめたものである。

ここでは神官・僧侶と農業の長男の流出率の低さが目立つが、旧中間層の二三男の流出率も、新中間層の二三男のそれとくらべると高いとは言えない。農業の二三男の流出率も思ったほどは高くない。これについては、「あととり」でない農業の二三男が、中学校に進学せず、尋常小学校や高等小学校卒業後に就職するという形ですでに流出している可能性を考慮する必要がある。

また、新中間層のなかでも専門の長男の流出率は低くなっている。なぜこ

表7-7 親の職業・兄弟順位別の県外流出率 （％）

	新中間層						旧中間層			無業	全体
	官公吏	会社員	専門	教員	軍人・警察	神官・僧侶	農業	工業	商業		
長男	65.0 (26/40)	64.3 (18/28)	37.9 (11/29)	60.0 (27/45)	63.6 (7/11)	10.0 (1/10)	27.3 (21/77)	38.8 (19/49)	33.9 (43/127)	49.0 (25/51)	42.4 (198/467)
二三男	66.2 (49/74)	56.1 (23/41)	74.0 (37/50)	70.7 (29/41)	41.7 (5/12)	52.2 (12/23)	47.6 (98/206)	56.1 (46/82)	47.7 (83/174)	67.0 (73/109)	56.0 (455/812)

註：上段は進学率、下段は実数。
出典：表7-5と同じ。

表7-8　親の職業・兄弟順位別の再生産率　（%）

	新中間層						旧中間層			無業	全体
	官公吏	会社員	専門	教員	軍人・警察	神官・僧侶	農業	鉱工業	商業		
長男	22.5 (9/40)	50.0 (11/22)	76.9 (20/26)	37.5 (18/48)	10.0 (1/10)	16.7 (2/12)	10.6 (5/47)	20.0 (8/40)	16.1 (15/93)	0.0 (0/46)	2.6 (89/384)
二三男	33.9 (21/62)	57.6 (19/33)	46.7 (21/45)	18.2 (6/33)	16.7 (2/12)	15.8 (3/19)	4.6 (7/151)	6.5 (4/62)	12.9 (17/132)	0.0 (0/88)	15.7 (100/637)

註：上段は再生産率、下段は実数。
出典：表7-5と同じ。

のような数値になるのか、そこには本人が就いた職業と関わりがあるように思われる。**表7-8**は親の職業ごとに再生産[17]率を示したものである。これとあわせて社会移動のあり方を考えてみよう。

　表7-8からは、親の職業ごとにはっきりとした特徴が読みとれる。新中間層のなかでも、専門や教員では長男の再生産率は二三男のそれを大きく上回る。旧中間層では、再生産率そのものが低いが、いずれの職業においても長男のほうが高くなっている。ここで専門の大半を占めているのは、医師である。つまり、医師の長男の県外流出率の低さ、再生産率の高さは、先にも触れたように、家業としての医師を継承していることの表われなのである。また、旧中間層の長男・二三男は、総じて県外流出率が低く、しかし再生産率は低くなっている。ここから推測できるのは、かれらが中学校卒業後、進学せずに周辺地域の官公吏や会社員となって県内に留まっているという可能性である。

　これらからわかるのは、旧制中学校をめぐる学歴取得は、その競争に参加する青少年の属性の影響力を無化することにつながっていたわけではない、ということである。確かに、「宿命からの脱出」を目指して高い学歴をもとめていった青少年たちも多くいたことだろう。しかし、安易な一般化はできないが、ここで見たひとつの地方の事例からは、親の職業が進学行動や再生産の構造に与える影響に顕著に見られるように、むしろ家業継承といった「宿命」を背負い、それをかなえるために学歴社会に向かっていった青少年の姿

---

[17] ここでの再生産とは、学籍簿に記載された親の職業と、同窓会名簿の本人の職業の業種が一致する場合のことを指している。

が見えてくるのではないか。ここに、メディアが作り出したイメージ（誰もが立身出世できる）と、実態（社会的再生産傾向の強さ）とのズレを見ることができる。この時代の学歴社会は、もちろん業績主義的な要素をもっていたが、その一方で「近代化された属性主義」というものをも含みこんだ形で成立していたのである。

おわりに——学歴社会への問い

　本章で見てきた時代の学歴社会と、現在我々が生きている学歴社会との間には、大きな隔たりがある。分析の対象となった旧制中学校というのは、当時の青少年人口のうち、通えるのは10％にも満たないエリート教育機関であった。この時代には、青少年の大多数は義務教育である尋常小学校(6年間)、あるいは高等小学校(プラス2年間)で教育を終えていたのである。現在、義務教育は9年間、高等学校への進学率も95％を越えている。当時は「受験戦争」ということばもなければ、偏差値というものも存在しなかった[18]。そこには、ちょっと想像がつかないくらいの大きなギャップがある。

　では、なぜそんな昔のことをわざわざ調べるのか、そこから何を得ることができるのか。そう思われる人も少なくないかもしれない。そこでこの問いに答えることで本章を締めくくることにしよう。そのために、紙幅の関係でごくごく大ざっぱになるが、当時と現在との間を整理しておきたい。

　戦前の日本において、学歴社会の意味はすべての人に共通なものではなかった。学歴社会がスタートした初期の段階ではすでに激しい競争が繰り広げられていたが、その一方で、学歴をもたなくても出世をする道はいろいろあったし、学歴を意識しない人生というものもありえたのである。そうした日本の学歴社会の転機は、戦後教育改革と高度経済成長である。前者は9年間の義務教育を保障するという制度面において、後者は生活水準の向上という経済面において、多くの人々が学歴取得競争へと関わっていく条件を整備していった。親の職業に代表される社会階層の格差というものは、少なくと

---

[18] もっとも、「受験地獄」ということばはかなり早くから存在していた。なお偏差値という統計数値を進路指導のために活用することが考案されたのは1957（昭和32）年のことである。

も見かけ（イメージ）上は消えていき、「学歴エリート」は「大衆」の延長線上に位置づくものとなった。教育を受ける、すなわち高い学歴にアクセスする機会は平等であり、誰もががんばればエリートになれる、という観念が広く社会に浸透していったのである。苅谷（1995）は、こうした教育と社会のあり方を、「大衆教育社会」と呼んだ。

しかし、そうした認識は、様々な格差社会論の隆盛からも明らかなように、今や崩れているように思われる（佐藤俊樹 2000 など）。教育を受ける機会についても、階層間の格差、地域間の格差が指摘されるようになっている。よく引き合いに出されるデータだが、2005年度の東京大学の学生を対象とした調査（『学生生活実態調査』）を見ると、家庭の所在地は東京都が25.5％、東京を含む関東が57.8％、親の職業は専門的・技術的職業が27.2％、管理的職業が26.8％、教育的職業が11.5％、家庭の年収は950万円以上が50.7％と半数を超え、1,050万円以上も28.9％を占めている。このことの是非を論じるつもりはないが、高い学歴は高い階層的背景に支えられていることがうかがえるだろう。

現代において起きているのは、「学歴の身分化」という事態だと言えるのかもしれない。属性主義から業績主義へ、という流れのなかで、学歴はその人の努力や能力を証明する、業績としての意味をもつものであった。しかし、高い学歴へのアクセスが高学歴の親をもつ人々に限られていくとき、学歴は業績としてではなく、身分＝属性としての性格を強めていくことになる。親の学歴が身分となり、その身分が再生産される、という構造である。言い換えれば、学歴取得競争に関わっていく上で、ひとりひとりが家庭的な背景という属性を背負っていかなばならない、ということである。それに加えて、先ほどの東京大学の調査にも顕著に表われているように、この情報化社会のなかでも、いや、そうであるがゆえに、教育機会の地域間格差も厳然と存在している。そして、メディアによって伝えられる、格差というものの存在によって、競争に乗り続けることを早くに断念してしまう人々も少なくない。

ここまでの話しを読んで、何か思い出したことはないだろうか。そう、本章で見てきた、かつての学歴社会のあり方と、どこか通じるところを感じるのではないか。ここで、先ほどの問いに答えることにしよう。我々は、現代

との対比において過去を語るとき、しばしば「昔はよかった」といった思いを抱くことがある。しかし、過去の記憶というのは一面的に美化されがちなものである。いや、その反対に一面的に否定される側面もあるかもしれない。そうしたことを自覚した上で、過去の経験を冷静に見つめることは、現在起きていることを考える足場を築くことにつながる。少し具体的に言えば、本章で見てきたような、かつての学歴社会が生みだした、当時としては新しい不平等問題に対して、どのような対処がなされたのかという知見は、歴史分析によって導かれるものなのだ。

もちろん、今後の学歴社会がかつてとまったく同じようになることはありえないし、もしそこに問題があるとすれば、かつてと同じようなやり方で解決をはかることも困難だろう。歴史というのは不可逆的なものだからである。

現代を生きる我々にとって、当たり前のように感じられる学歴社会のあり方は、実は決して当たり前のものではない、近代化のひとつの所産である。そして、学歴社会について考えることは、今後の望ましい社会とはどういうものであるのかについて考えることへとつながっているのである。

【参考文献】
天野郁夫 1982『教育と選抜』第一法規 (現在は (2006)『教育と選抜の社会史』ちくま学芸文庫)
────── 1983『試験の社会史―近代日本の試験・教育・社会―』東京大学出版会 (現在は (2007)『増補 試験の社会史』平凡社ライブラリー)
────── 1992『学歴の社会史―教育と日本の近代―』新潮選書 (現在は (2005) 平凡社ライブラリー)
──────編 1991『学歴主義の社会史―丹波篠山にみる近代教育と生活世界―』有信堂高文社
井上義和 2006「旧制中学校進学機会における長男優先度の分析」『ソシオロジ』51-2
苅谷剛彦 1995『大衆教育社会のゆくえ―学歴主義と平等神話の戦後史―』中公新書
菊池城司 1967「近代日本における中等教育機会」『教育社会学研究』22
────── 2003『近代日本の教育機会と社会階層』東京大学出版会
キンモンス, E.H. 1995 広田照幸他訳『立身出世の社会史―サムライからサラリーマンへ―』玉川大学出版部
佐藤俊樹 2000『不平等社会日本』中公新書
佐藤 (粒来) 香 2004『社会移動の歴史社会学』東京大学出版会
園田英弘・濱名篤・廣田照幸 1995『士族の歴史社会学的研究―武士の近代―』名古屋大学出版会
髙瀬雅弘 2002「兄弟順位による進路分化と再生産」『〈教育と社会〉研究』12
────── 2004「戦前期青少年人口移動の歴史地理」吉田文・広田照幸編『職業と選抜の歴史

社会学』世織書房所収
竹内洋 1991『立志・苦学・出世—受験生の社会史—』講談社現代新書
——— 1995『日本のメリトクラシー—構造と心性—』東京大学出版会
——— 1997『立身出世主義—近代日本のロマンと欲望—』NHKライブラリー
——— 1999『学歴貴族の栄光と挫折』中央公論新社
ドーア，R. P. 1978 松居弘道訳『学歴社会 新しい文明病』岩波書店
中村牧子 1999『人の移動と近代化—「日本社会」を読み換える—』有信堂高文社
橋本健二 1999『現代日本の階級構造』東信堂
速水融編 2003『歴史人口学と家族史』藤原書店
ハレーブン，T.K. 1990 正岡寛司監訳『家族時間と産業時間』早稲田大学出版部
広田照幸・鈴木智道・高瀬雅弘 1999「旧制中学校卒業生の進路規定要因に関する研究」『東京大学大学院教育学研究科紀要』39
広田照幸 2001「学歴主義の制度化と展開」同『教育言説の歴史社会学』名古屋大学出版会所収
———編 2001a『近代化過程における中等教育の機能変容に関する地域間比較研究』平成10～12年度文部科学省科学研究費補助金研究成果報告書
———編 2001b『大都市流入—定住者の家族形成と居住形態の変容に関するライフコース的研究—』第一住宅建設協会
深谷昌志 1969『学歴主義の系譜』黎明書房
安田三郎 1971『社会移動の研究』東京大学出版会
ヤング，M. 1982 窪田鎮夫ほか訳『メリトクラシー』至誠堂
米田俊彦 1992『近代日本中学校制度の確立』東京大学出版会

【キーワード】
学歴社会：学歴とは、人々の学校に関する経歴のことであり、小学校、中学校、高等学校、大学といった学校段階のどこまでを終えているかという経歴(タテの学歴)と、大学卒業者のなかでも、「○○大学卒」というように、どの学校を出たかという経歴(ヨコの学歴)の2つの要素からなっている。そして、人々の社会的地位(職業や収入など)を決定する際に、学歴を重視する考え方を学歴主義という。学歴主義の程度の高い社会が学歴社会である。
属性主義と業績主義：人材を選抜・配分する際に、家柄・身分・性別など、生まれつきもっている(決まっている)要素を重視する考え方を属性主義といい、これに対して本人の能力や達成したもの、中でも知的能力を重視するという考え方を業績主義という。学歴は本人の努力によって獲得されたもの、という考え方に立つなら、学歴主義は業績主義の一形態ということになる。一般的に属性主義から業績主義への変化は、近代化がもたらしたものであるが、もともと業績であるはずの学歴が属性になっていく(学歴が身分化する)可能性もある。
再生産：社会のなかにある不平等な構造が継続的に維持される、または繰り返し生み出されるメカニズムを再生産という。教育システムは社会的再生産と文化的再生産に大きく関わっている。前者は、職業や資産に関わる社会的不平等の構造が維持されることを指し、後者は、学歴や資格、ハビトゥス(知らず知らずのうちに身につけたふるまい方や考え方)に関わる文化的不平等の構造が維持されることを指す。両者は密接な関わりをもつものとして捉えられる。
ライフコース：個人が一生の間にたどる道筋のこと。社会構造における個人の位置(社会

的位置)の変化の道筋である。ただし、道筋と言っても、ただ一本の線から成り立っているわけではない。その生涯において、個人は様々な役割や出来事を経験する。それらは家族、教育、職業などと関わって、それぞれが経歴（キャリア）という、相互に関係性をもった複数の道筋を形作っていく。この経歴が束となってひとつにまとまったものがライフコースである。

【Q&A】

質問 「学歴社会」を切り口にすることで、近代化、とりわけ日本社会の近代化のどのような特徴が見えるのでしょうか。

答え 日本の近代化の特徴として、西洋のそれとくらべ、スピード、すなわち比較的短い間に産業化や都市化を成し遂げたことがあげられます。その背景には、学校教育の普及・拡大があります。日本における義務教育への就学率は、スタートからわずか40年ほどでほぼ100％近くにまでなりました。これほど急速に就学率が上昇した国というのは他に例がありません。こうした学校教育の「成功」は、人々が教育の有用性を信じることによって支えられていました。西洋社会においては、近代的な学校教育の普及は、しばしば身分や階級といった社会的不平等の再生産へとつながっていました。それに対し、日本の場合には、高い学歴を身につけることによる生まれ変わりの可能性が示され、人々が「宿命」から抜け出す方法として学歴に積極的に関わっていったところに大きな特徴があります。初期の学歴社会は、努力による生まれ変わりの可能性というイメージと、実際に高い学歴にアクセスできるのは高い階層の出身者に限られるという実態とのギャップが大きかったのですが、それでもなお学歴信仰はむしろ強くなっていきました。戦後になって、教育機会の平等化が図られることによって、その傾向にますます拍車がかかっていきます。こうして生みだされたのが、総中流社会といったイメージであり、これこそが高度成長期を支えた共通意識でした。しかし、スタートラインは同じ、という日本的な学歴社会の前提が崩れてきたことによって、日本の教育と社会の関係は、今まさに大きな転換点に立っていると言えるのです。

8章　日本の近代化と地域社会

山下　祐介

1950年代、ダム水没前の調査地（西目屋村砂子瀬集落）

【要　約】

　近代化とは何だろうか。近代化とは第一には西欧近代化である。16世紀以降の西欧に生じた一連の社会変動を我々は近代化と呼ぶ。この一連の変動が西欧以外の社会にも同じように引き起こされるであろうという形で、従来の近代化論は論じられた。しかし各社会には各社会の事情があり、日本にも日本独自の近代化がある。本章では西欧近代化に対比した日本の近代化の特徴について考え、さらにはそれを地域社会レベルで具体的に検証しながら、この日本社会で進行する近代化が何をもたらしつつあるのかを考察する。

【キーワード】家・村・町、集落の限界と消滅

はじめに

　この章では、日本の社会の近代化がどのような過程で進行してきたのかを、地域社会レベルに水準をおいて概説する。

　ここではまず、西欧近代化と対比した日本社会の近代化の特質を確認することにしよう。日本の近代化は「上からの近代化だ」と言われてきた。すなわち、市民主導であるよりも国家主導の近代化であった。

　しかしながら他方で、日本の社会は、終戦直後までは地域社会の自立性・独立性の強い社会でもあり、国家とともに町や村が社会を構成する重要な単位だった。だが、戦後60年でこうした地域社会の構成は大きく変わった。本章後半では、明治以降に生じた日本の地域社会の近代化過程について概説するとともに、とくに戦後の変容に注目し、20世紀に経験した日本の地域社会の大きな変化について見ていくことにしよう。

1. 近代化の社会理論

1　西欧発の近代化

　近代化 (modernization) とはまず第一に西欧近代化のことである。西欧近代化に関わる事象を列挙すれば、次のようになろう。

　それはまず14-16世紀のイタリアのルネサンスに端を発し、16世紀にドイツ・フランス・イギリスで行われた宗教改革、また絶対王政とそれを起点として始まった<u>国民国家</u>の誕生 (16-17世紀) がそれに続く。17世紀末から18世紀にかけて生じた一連の市民革命・民主革命 (イギリス名誉革命 (1688)、アメリカ独立宣言 (1776)、フランス革命 (1789)) は、ホッブズ、ロック、そしてルソーに至る社会思想の形成とも深く関わっていたが、これらの思想の背後には科学的合理主義の成立があった。すでに17世紀前半には科学革命 (ベーコン、デカルト、ニュートン) が始まっているが、科学革命はまた、宗教改革による強い神の確立と、その反動としての世俗化にも関連していた。科学法則の探求は、当初は神の御手の解読だったのであり、そこから宗教的観念が解消されていくこと (=世俗化) が近代科学の誕生につながったのである。地球規模での国際貿易のはじまりは、大国による植民地化活動を促し、市場経済が拡大

されていくなかで、18世紀後半にイギリス産業革命が始まり、産業化が世界的に拡大していく。

「近代化」とはこのように、文化・政治・経済・思想の各層にわたって西ヨーロッパ各域の様々な変化が積み重なって生じてきたものである。そしてヨーロッパが他国への進出を進め、数々の植民地を切り開いていくことで、世界中にその影響を与えていくこととなった。

2　近代化とは？

このように「近代化」は、ヨーロッパ発のものである。英語では、modernizationであり、日本語の近代化はこの語の訳である。日本語では敗戦を境に、それ以前を近代 (明治・大正・昭和初期)、以後を現代 (昭和・平成) とするのが一般的だが、両者をあわせて英語の modern にあたる時代だと考えてよい。なお、中国語では近代化とは言わず、現代化という。

ところで、modern の原語はラテン語の modo、「最近、たった今」であり、modernization とは、直訳すれば、「今になること」である。言葉の意味だけ考えれば、「今になること」はいつの時代にもどの国にもあることだから、この言葉には大きな意味は含まれていない (有賀 1967)。しかしながら、我々が生きている「今」を考えるのに、ここにあげたような16世紀以降の西ヨーロッパに起こった一連の変化がきわめて重要であり、しかもその変化が今や世界的規模で影響を及ぼしているがゆえに、我々はその総体を指して「近代化」と呼び、そこに重大な意義を認めているのである。

こうして「近代化」とは、具体的には16世紀西欧以降、現在まで続いている世界的規模での社会変動のことである。そしてこれをわざわざ「近代化」と呼ぶのは、我々の今を考えるにあたって、16世紀西欧発の歴史の変遷がきわめて重要だからなのだと言うことができる。

ここで、この「近代化」と呼ばれる一連の過程のなかで、我々が歴史を捉える仕方そのものが変化してきたことにも注意してほしい。「今」はいったいどのような「今」なのか。それまではたんなる事実の連続にしか過ぎなかった時間の経過が、近代的思考のなかでは、目的をもった意味のある現象の蓄積として把握されるようになり、個別の「今」が有意味な発展の諸段階を構

成するものとして描かれるようになった。伝統的な宗教的世界から脱した我々は(=世俗化・合理化)、我々自身の手によって、歴史に意味を見いださなくてはならない。「近代」について考えるのはだから、我々が近代に生きているからこそなのである。近年の近代化論で、近代化を「再帰的近代化」(ベック他 1994)と呼んで分析したりするのも、近代のもつこうした 'reflectivity'(再帰性、反省作用)に注目するがためである。

3 近代化の社会学

歴史に法則性や目的を見いだそうとした試みのなかでもっとも代表的なものが、19世紀後半の社会思想を席巻したマルクス主義の唯物史観である。K. マルクスらは、一連の近代化の進行を単一の要因によって生起したかのように歴史を描いていった。すなわち社会のもつ生産力の上昇にすべてを見いだそうとしたのである。社会のもつ生産力は、歴史の進展のなかで、家内制手工業からマニュファクチャーへ、そして大工場へと次第に拡大し、上昇していく。最終的に、蒸気機関と機械工業によって確立された大工場の大量生産は、市場を拡げ、資本を増大させ、資本家階級を生みいだすことになる。資本家による拡大再生産はさらなる産業化をうながし、市場経済はさらに拡大する。こうした経済発展が、政治や文化など、社会のあらゆる局面に影響を及ぼしていくのだとされた。そしてその結果として、資本家による独り占めの支配が生まれ、その打破としてのプロレタリア革命が主張されたのである(マルクス・エンゲルス 1848など)。

近代化の基軸に産業発展をおく考え方は、マルクス主義に限らず、ごく最近まで近代化を論じる議論のなかでは支配的だった。マルクス主義に対抗する議論のなかでも、経済成長を基軸とした歴史観は根強く、例えば、ウォルト・ワイトマン・ロストウ(1960)は経済成長の発展段階説を唱え、[伝統的社会→離陸(テイクオフ)のための先行条件期→離陸→成熟への前進→高度大衆消費時代]を区別した。そして、18世紀末に最初にイギリスが離陸した後、19世紀中頃に他の西ヨーロッパ諸国やアメリカが離陸したとし、日本は19世紀末、ロシアでは革命前後の19世紀頭に離陸し、第二次世界大戦後、次々と第三世界での離陸が始まっているとした。

8章 日本の近代化と地域社会 173

　もちろん今や、こうした単純な議論—マルクスの議論そのものは複雑多岐にわたるのではあるが—では近代を説明できないことは明白である。例えば、発展途上国という言い方があるが(低開発国とも言う)、これは産業化途上の国々であり、時間がたてば西欧と同じように産業化が進むとされ、戦後多くの開発が行われてきた。しかし多額の投資が進められたにもかかわらず、経済格差はいぜん重大な国際問題であり続けている。また他方で、文明としては長期にわたって圧倒的な形で世界をリードしてきた中国やインドで、西欧で近代化が始まる以前になぜ産業化が起こらなかったのか、という問いも存在する(西欧は四大文明地域にくらべて、歴史的には永らく「遅れた」地域だった)。こうした問題は、産業化→近代化とする単純な考え方が史的事実に合わないことを示している。
　マックス・ウェーバーは、『プロテスタンティズムの倫理と資本主義の精神』(1920)のなかで、資本主義をもたらした起動力そのものが、経済的領域にあるものとはまったく異質の宗教倫理であったことを明らかにしている。かれは、産業革命前に始まった、宗教改革のなかで生まれたプロテスタンティズムの倫理のなかに、資本主義の精神の萌芽を見いだしている。資本主義の精神は本来、金銭欲ではなく、資本家は決して守銭奴ではなかった。その反対に、現世内禁欲と来世との緊張関係が重要であり、そしてそうした精神形成は、宗教改革後の西欧キリスト教のうちにはじめて可能になったとウェーバーは主張する。実際、初期の資本家達は敬虔なプロテスタントであった。そしてその後、「世俗化」が進行し、資本家精神の宗教性が薄れていくと、資本主義は純粋な経済的構成物であるかのように考えられるようになったのである。ウェーバーはこうした探求の結論として、西欧近代化の根本原理を、産業化ではなく、「合理化」に求めた。産業化は合理化の経済的側面での一表現となる。
　経済的領域での産業化、文化の領域での合理化、以上をふまえてさらに富永健一は、近代化を、次の4つの独立の側面をもつものと考えた。すなわち、経済的近代化(産業化)、政治的近代化(民主化)、社会的近代化(自由平等)、文化的近代化(合理主義)の4つである。富永は、最後の二つを社会的－文化的近代化として三つに分けて説明したりもしているが、この議論はタルコッ

ト・パーソンズの社会システム理論を下敷きにしている点に留意してほしい。パーソンズは社会システムを経済・政治・社会化・共同体の4つのサブシステムに区分したが、その4側面にわたる変動として、富永は近代化を表現したのである。そして、西洋ではこれらが同時的並行的に進行したのに対して、日本の場合は、披行的に進んできたとしている。いびつな近代化が進んだのだと言ってもよい。とくに戦前は民主化が未熟なままに、産業化が高度の軍事力を作りだしうるまでに進んだことにより、きわめて危険な国家ができあがったこと、戦後の自由競争経済と民主主義の確立によって、日本の披行的近代化はやっと克服されたが、それでも依然としてプリモダンの要素を残存していると主張している（富永 1990：254）。

　この富永の議論は、産業化→近代化とする議論よりも、より現実的で複雑な近代化を表現してはいる。しかしそれでも結局、この4側面すべての進展が歴史の目的であるかのような法則性を強調している点は先の産業化論と同じである。しかもこうした歴史法則には、紆余曲折はあれ、我々の社会は近代化を通じてよりよいものに向かっていること、「進歩」や「進化」といったものの考え方が内在している点にも注意したい。

　ウェーバーのものを除くと（ウェーバーにはニヒリズムの影響があることがわかっている。ウェーバーは近代社会を「鉄の檻」と呼んだ）、近代化とはしばしば、社会のユートピアに向かう道程であると考えられてきた。英語の modernization のなかには、「よりよいものになる」という意味が含まれており、それは実際、欧米社会の「豊かな社会」の実現によって、確かな実感でもあったのである。そしてそれは日本の「近代化」においても同様であり、すなわち敗戦のどん底から、1950〜60年代の高度経済成長を経て、1970年代初頭の低成長時代までには日本社会も「豊かな社会」を実現した。さらに80年代末のバブル経済とその崩壊まで、「近代化」はよいことであり、世界はよい方向に進んでいると素朴に信じることができたのである。

4　近代化の理論でわかっていること

　しかしながら、もはや歴史に目的を見いだすことは現在の我々にはできないし、また現実の世界情勢も、世界がユートピアに向かって進んでいると実

感できるような状況にはない。

　すでに見てきたように、「近代化」と呼ばれるものは、西欧のみで始まった歴史的に特殊な事態である。しかし、たとえ西欧で一定の方向に歴史が動いたからといって、それを世界の各地域で同じように進行するものと考えるのは、認識の仕方としても適当ではない。結果論としてはそのように捉えられるとしても、歴史とは決して何かに向かって進むようなものではなく、どのような結果をも引き起こしうるのだということをまずは確認しておこう。19世紀から20世紀にかけてはそうした西欧中心主義的な歴史観が支配的であったが、21世紀の我々はそうした思考法からは自由である。

　しかしまた他方で、次の点にも注意しなければならないのである。西欧に発した「近代化」と呼ばれる事態は、今や全世界に波及してしまった。しかもそれは現在にも大きなうねりとなって続いており、世界はますます互いに強く影響を及ぼしあうようになっている。最近はこの事態を「グローバル化」と呼んだりもするが、ともかく、我々はいやがおうにも、何らかの全世界的な過程のなかにいて、我々の歴史は、もはや個別の国々の歴史ではなく、一つの世界史（世界システム）として動いていることも紛れもない事実なのである。そしてこの過程が何であるのかを突きとめることは、現代社会（近代社会）を生きる我々にとって、きわめて大切なこととなっている。

　近代化を単一の線上で読み解くには現実はあまりに多様であること、しかも、にもかかわらず、世界全体が何らかのある共通の変化の過程のなかにあるということ、一見矛盾した言い方にも聞こえるが、とりあえずは「近代化」をこのようなものとして捉えておこう。とは言えこれまで見てきたように、これまでの近代化論はどちらかというと近代化を一つの論理で示そうとする傾向が強かった。それ故ここでは、世界の場面場面で多様な近代化がありうるということをより強調し、近代化の多様な局面にまずは注意を払うことにしよう。

　近代化の多様性は、まずもって国ごとの違いによって語ることができる。日本の近代化は世界史上も注目されてきた。日本においては19世紀・幕末の開国から明治維新以降に生じた一連の変動が西欧近代化に対比される。西欧の列強が植民地支配を進めていたなかで、日本のみが植民地支配を免れ、アジアのうちに国民国家を樹立し、産業化を成功させて、富国強兵を進めた。

その結果、大きな戦争＝敗戦を経験し、軍国主義体制は解体されたが、太平洋戦争後はさらに高度経済成長を達成し、アジア諸国のなかでももっとも近代化の進んだ国だとされている。その特徴についての富永の議論は先に紹介したが、富永に限らず、海外も含めて様々な論者が日本の近代化について議論を行ってきた。

次に日本の近代化について、その特徴を見ていくことにしよう。

2. 日本の近代化と地域社会

1 日本の近代化の特徴

先に、資本主義の起点を宗教改革にもとめたウェーバーの議論を紹介したが、ロバート・ベラーはウェーバーに倣い、日本近代化の基礎を徳川時代の宗教においた（ベラー 1957）。明治維新以降、日本は西欧を模倣しながら急速に近代化の道を歩んでいく。ベラーは、この西欧に追いつき追い越せの形で進行した日本の近代化（ここではとくに産業化）の原動力を、徳川時代に培われた日本の宗教倫理観に見いだした。日本宗教の中心である日本神道は、天皇・国家・家族や、その指導者に対する忠誠を要請する。と同時に、集団の目的達成は個人の目的達成でもあるという論理をも確立しており、こうした個人と集団の緊張関係こそが、近代化という集合的行為を短期間に達成させる原動力になったと考えたのである。

ベラーの議論は、日本の近代化を西欧近代化に倣って理解するのを助けると同時に、それ以降の世界各国で「離陸」した社会においても、開発と発展の問題を考える場合に、それぞれに固有の精神性や文化の問題を念頭に置くことの意義を知らしめてくれる。日本の近代を考える場合に重要な天皇制イデオロギーは、中国や旧ソ連ではマルクス＝レーニン主義が担ったのであり、またブラジルでは社会学の開祖で実証主義の父、オーギュスト・コントの思想が担っていたと言われる（清水 1977）。産業化は経済作用のみによって引き起こされるものではなく、政治・文化的領域と絡まり合って生じたり、生じなかったりするものなのである。そしてそれ故に条件が異なれば、近代化の諸相は多様な結果を生みだしうる。

さて、冒頭にも指摘しておいたように、日本の近代化は一般に「上からの」

近代化だと言われている。日本の場合、列強の前に開国し、幕末から明治維新において追いつき追い越せの形で殖産興業を進め、政府の非常に強力な指導の元で近代化が進められた。そのため、西欧では長い時間をかけて自生的に資本家層が生まれ、かれらが市民社会を形成して近代化の原動力となったのに対し、日本では、庶民が国家主導の動きに対して反抗を繰り返しながらも、基本的にはその流れに乗りつつ、天皇制国家イデオロギーを熟成させて、国民の総動員のもと、近代化が実現されたのである。

近代化は、「上から」命令されたからといってそこですぐに何かが起こるわけではなく、草の根の庶民の動員がなければ達成されない。日本の場合、そこにはやはりベラーが言うような日本宗教の本質、庶民の精神性が深く関わっていたわけである。しかしそうした滅私奉公的な心性が関わってできた日本の近代化だからこそ、西欧とくらべた場合、「上からの近代化」と言えるような特徴をもっていると言われるわけである。幕末・明治期はとくに、産業化と軍備の増強を最重要の国家課題として近代的な(西欧に真似た)経済・政治・教育の各システムが中央集権的に確立されていった。そして太平洋戦争では、「お国のために」全国民一丸となって目標を追求するような形にまで体制は確立されていく。そしてこうした国家主導＝庶民動員の事態は、戦後の経済成長期までも一貫して続いていたのである。

戦後には、戦前的な天皇制イデオロギーは解体したが、「会社本位主義」と呼ばれるような、やはり独特の滅私奉公的集団・個人―社会関係の文化は持続されており、また同時に、政府の強い主導(55年体制、国民所得倍増計画、全国総合開発計画など)を通じて、あいかわらず日本の経済成長は上から方向付けされていた。その結果、短期間の戦後復興のみならず、世界にもまれに見る高度経済成長を遂げたのであった。

このように日本では、自生的な資本家層が牽引したということではなく、国家主導の資本主義を庶民層が下からしっかりと支え、積極的に動員されていたことに特徴がある。

2　上からの近代化

さて、以上のような特徴をふまえて、次に日本の近代化の過程について概

観し、さらにそれが地域社会のレベルでどのように体現されていたのかを検討していくことにしよう。

上にも述べたように、明治維新 (1868年) をへて確立された明治政府は、それまでの幕藩体制を解体し、一元的な政府による国民国家を作りあげていった。そしてこの国家政府によって、近代的な政治・行財政機構の確立、産業化、文明化、地域社会の改革が推し進められたのである。西欧では市民の手で勝ち取られた自由や平等は、日本では、いわば上から与えられ、また上から統制されてもいた。

まず幕藩体制の解体のなかで、新たな政府が形作られていった。その際、士農工商に変わる新たな身分制度は、天皇を頂点とした絶対的権威の元での平等として確立された（皇族・華族・士族・平民の区分は残ったが、皇族を除けば身分間の結婚・職業上の制限は撤廃され、日常生活でも制限はなくなった）。宗教面での合理化も国家神道の確立によって達成され、また身分の差異は、民法のなかに長子相続・強大な戸主権・男女の格差として表現された。教育制度も整備されたが、天皇への忠誠を絶対価値とした教育勅語を基礎として普及されたのであり、こうした一連の制度改革は、基本的には対外的脅威に対抗し、また進出をもはかろうとするための軍備拡張を基本的な前提とするものであった。地方自治制の整備も、地方の資産家の政治参加・国への協力を確保するためのものであり、そのため納税額によって選挙権が適用された。

そして肝心の産業化が、政府主導で行われた。まず、明治政府の財政は、地租改正 (1973～81年：明治6～14年) によって確立された。石高に対する課税から、地価に対する課税に転換することで、財政基盤の安定化がはかられたのである。また米に代わる金納は、貨幣経済を促進する効果があった。1881年～85年 (明治14～18年) の松方財政で幕藩時代からの窮乏財政を立て直した政府は、この間、産業化への努力を積み重ねていた。紡績・製紙をはじめ、造船、製鉄の官営工場の設立、また鉱山開発も当初は官営で進められ、のち、これらは財閥へと払い下げられた。そして国家と財閥資本の協力による資本主義の確立が進んでいく。こうした資本主義のあり方を特徴づけるために、日本の資本主義を、(戦後のそれもふくめて)かつては「国家独占資本主義」とも呼んだのである。

3　自治の単位としての村や町

　このように日本の近代化は、西欧にくらべると国家主導で進行し、地域社会からの内発的発展といった要素が乏しかった。もっとも、そうはいっても、そうした国家を生みだしたのもそこには基盤となる地域社会があったからなのであり、そして繰り返すように、そうした庶民の近代化への動員力を、先のベラーは明治以前の徳川時代の倫理観に見たわけである。

　日本の近代化は、庶民の動員力を基礎に、それを牽引する強力な政府と全体主義的なイデオロギーによって達成されたものである。それ故に、西欧では自発的な市民の動きとして描かれる近代化も、日本では、国家に対する国民・地域社会の貢献や奉仕の形で描かれることになる。それが最終的には、大戦中の軍国主義体制に拡張し、地域集団は大政翼賛会に組みこまれ、学校も国民学校となり、日本国民はすべて戦争に動員される事態につながっていったのだが、これはとりもなおさず、日本国民を統一的な社会へと組みこんでいく過程であった。こうした戦時下までに形成された体制が、実は戦後の日本社会の高度経済成長の柱になったのだとする研究もある。

　とは言え、こうした全体化の動きのなかでも、独立した地域共同体がしっかりと根付いていたのも事実であり、むしろ、そうした根強い地域共同体の存在があったからこそ、日本社会の全体化は可能であったと言ってよい。日本の地域社会は村と町でできている。こうした村や町は、行政区画としての市町村（学術的には、「行政村」「行政都市」とも呼ぶ）とは異なり、そこに暮らす庶民の暮らしに密接に関わりあう必要性から形成されたものとして概念化されている。日本の農村・漁村はそれぞれ一つの統一的な「村」（鈴木栄太郎の言う自然村）であり、村は家々の緊密な関係から成り立つ。旧来の城下町・宿場町などもまた各町内社会からなり、この町内社会も家々の複合体として把握しうる。そして、個人はこうした家・村・町のもとではじめて生きていくことができた。

　これらの家・村・町は、だからまた自治の単位でもあった。村の場合で言えば、幕藩体制下の村は、支配者側にとっては管理の容器ではあったが、また同時に様々な意志決定を行う自治の仕組みでもあった。こうした村の自律

性は明治以降の新たな行政システムのなかでも形を変えて存続し、人々は国民国家というより大きな社会へと組みこまれたが、それでも―むしろだからこそ―村や町は個人をつなぐ媒介として、重要な政治的・社会的・経済的単位でありつづけたのである。

　日本の地域社会の変遷を振り返る時、つねに一方で地域社会を画一的な形で統制しようとする政府の動きがあるとともに、他方でまたつねに庶民生活を基盤にした共同体的な仕組みがその基礎に存在していたことがわかる。そしてそうした共同体としての村や町は、明治以降も、ある程度の抵抗は見せながらも、基本的には国家の動きに積極的に荷担しながら、近代化という日本国家の目標追求の重要な仕掛けとなっていたのである。このような中間集団と国家の関係の状況は、多くの研究が検討しているように、戦後の歴史においても、形は変えながら同様に働いていたと見ることができる。

3. 戦後の地域社会の変容

1 人口から見る戦後日本社会の変容

　しかしながら、こうした地域社会の自律性・独自性は、21世紀を迎えた今、平成の大合併をこえてもはや失われつつあるように見える。我々のように地域問題を研究する者は、戦前までの社会変動と、戦後の社会変動は大きく質が異なるものだという実感をもっている。このことを、筆者が調査しているある村を事例にしながら、簡単に確認していきたい。

　ここで取りあげるのは、青森県西目屋村Ｓ集落である。Ｓ集落は、世界遺産・白神山地の山麓にあり、戦前は農林業の村であったが、戦後は中山間地にあるという条件不利のため、急速に過疎・高齢化が進行した。そして実は、2001（平成13）年に、現在建設が進められているダム水没のため、当地域は長い歴史を終え、解消してしまったのである（山下 2005）。

　図8-1はこのＳ集落が所属する西目屋の人口推移を示すもの、また**図8-2**は、西目屋村の所属する青森県全体の人口推移と、全国の人口推移を重ねて見たものである。先に図8-2から検討していこう。

　日本の人口は20世紀を通じて2000年まで一貫して上昇し続けてきた。しかし2006年をピークについに減少に転じ、今後は人口減社会に入ると予想

図8-1　西目屋村人口の推移

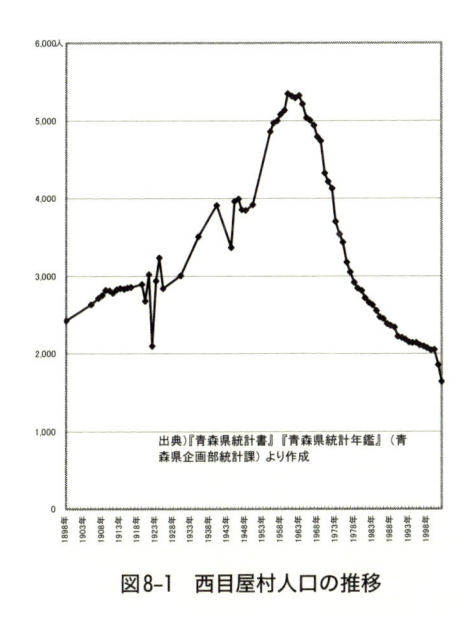

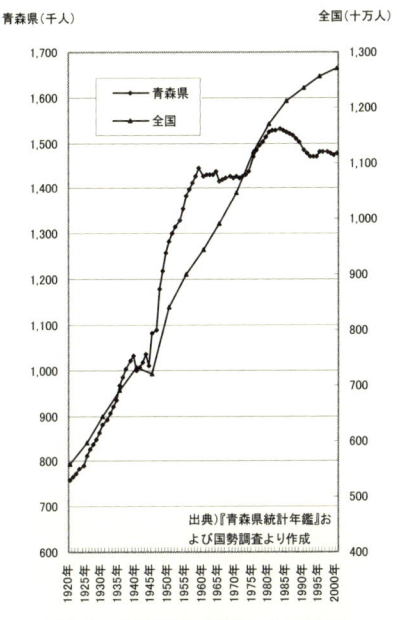

図8-2　青森県と全国の人口推移

されている。青森県の人口はそれ以前、すなわち90年代からすでに人口減に入っており、地方でより先行した人口の動きが見られることがわかる。ここで先の図8-1とくらべてみると、西目屋村のように山村で条件不利なところでは、さらにもっと以前に人口のピークが来ていたことが見て取れる。日本全体が人口増加のまっただ中にあった1960年頃、それ以前までの急激な人口増加から一転、急速に転げ落ちるような形で人口減少が進んでいる。もっとも、それ以前の人口増加分（明治大正期）を考えれば、増加以前の人口規模にただ逆戻りしているだけかのようにも見える。が、実はここに、大きな社会の転換を読みとって欲しいのである。

この間に何がおきていたのかを、S集落の人口ピラミッド（性別年齢別人口構成）から検討してみよう。

図8-3は、1872（明治10）年、1957（昭和30）年、2000（平成12）年の3時点での当地域の人口ピラミッドを並べてみたものである。

まず、①1872（明治5）年と、その約80年後、②1957（昭和32）年のピラミッ

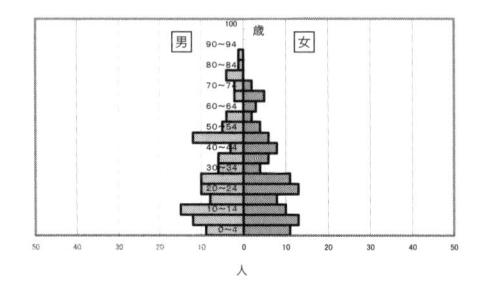

① 1872（明治5）年　　　　　② 1957（昭和32）年

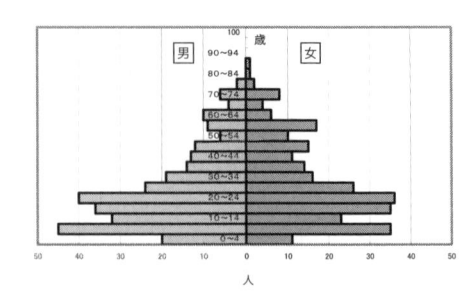

③ 2000（平成12）年

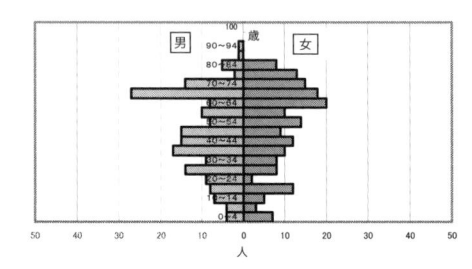

図8-3　S集落の性別年齢別人口構成の変化

ドをくらべてみよう。一目見て、この80年間で人口規模が大きく増大し、人口爆発が進んでいることがわかる。しかし他方で、人口ピラミッドはどちらの時点もきれいな三角形を描いており、規模は大きくなったけれども、基本的な形は変わってないことにも気がつく。明治から昭和にかけての80年間の変化は大きな変化ではあるが、要するに〈量的な変化〉に過ぎない。戦争をはさみはしたが、国民の経済は伸び、生活は楽になり、豊かになった。その結果、昭和30年代にはどの地域でも子どもがあふれ、活気に満ちた地域社会があったのである。高度経済成長が始まり、今から見ればまだまだ貧しい生活のなかで、世の中がこれからよくなっていくことを期待しえたし、実感もしていた（ここで、0〜4歳の子どもの数だけが極端に少なくなっているが、これはこの後に続く変化＝少子化への予兆である）。

　これに対し、③2000（平成12）年になると、人口ピラミッドの形は変容し、縮小しただけでなく、少子・高齢化のためにいびつな形になっている。人口

ピークに至った1960年代頃までに生じていた変化を〈量的変化〉とするなら、それ以降2000年までに生じた変化は、単なる減少ではなく〈質的変化〉を伴うものである。

　要するに、明治以降に始まった近代化（もっとも、歴史人口学の成果によれば、近代へと続く人口増加は、幕末あたりからすでに始まっていたらしい）のなかで、農山村社会の変容に目を向ける時、一貫した一つの流れというよりは、1960年前後の変化の流れの転換点があることに気がつく。最初に述べたように、日本の「近代化」は、戦前と戦後で「近代／現代」を区別する。しかしこうして見ると、1960年頃も一つの大きな転換点と見ることができそうである。以上をふまえ、以下、当地域を念頭に昭和から平成期の農山村社会の変容過程をたどってみよう。

2　1950年代までの地域社会の拡大

　まず、戦前から戦後（1920年代から1950年代）にかけての、日本の農山村の状況を描写してみよう。この頃、当地域でも人口増がそれ以前にもまして加速していたが（図8-1参照）、こうした人口増をもたらしたのは、大幅な出生数の増加と死亡率の低下であった。そしてその背景には、政府主導で進められた産業化の進展とともに、道路・交通・通信の整備による商品流通の急速な拡大があった。鉱工業の発展とともに、農山漁村の第一次産業も合理化され、また商品流通網の拡大と戦時中の強制的な供出を経て、農山漁村はより大きな社会へとつながっていった。

　ここで取りあげたS集落の場合、人々は農業のほか、炭や薪の生産に関わり、またいくつかの鉱山開発にも従事した。そして昭和初期（1930年代初頭）に生じた東北大凶作と、それに対する政府の農村更正施策のなかで実施された道路（林道）開通、産業組合（のちの農協）の設立が、それまでの自給自足経済から村の状況を大きく変えていった。政府主導による開発の展開によって、地域社会は豊かになっていくとともに、ますますより大きな社会へと取りこまれることになった。また市場経済システムの確立は、人々の経済を豊かにしただけでなく、保健医療衛生の状況も向上させ、死亡率の低下を実現することにもなる。このことがまた直接、人口増加へとつながったのである。

3 変貌する戦後の地域社会

こうした戦前の変化は、戦争とその敗戦によって大きな影響を受けながらも、ともかく結果としてはその影響を乗り越えて、その後も継続していった。先の図8-1・図8-2で、この時期の一貫した人口増に注意してほしい。

戦争・敗戦の経験は、こうした近代化の流れのなかでマイナスの影響のみを生じたわけではない。戦争は人々を一つの国民にし、また故郷を離れ、全国的・国際的視野から自分たちを見つめ直す機会も作った。加えて敗戦をめぐる数々の事象は、日本の都市・農村を物理的にも制度的にも（そしておそらく精神的にも）大きく変えた。多くの都市が空襲によって焼け野が原となり、一からのスタートが始まったが、皮肉なことに、計画的な近代都市づくりがこれをきっかけに始まったとも言える。また農村部は、戦後の農地改革によって、それまでの既存の家々の関係を大きく変えていくこととなった。

戦後復興期のなか、農山村では多くの子どもが生まれ、成長していく。とくに都市部が壊滅的な打撃を受けたこと、戦後引きあげの受け入れも多くが農山村であったため、1950年代は過剰なまでの人口が農山村部に滞留した。しかし、戦後復興をこえ、高度経済成長が実現されていくなか、農山村部の経済も活気を帯びていき、1960年代にはいわゆる「豊かな社会」が実現していく。大きな変化はその後、低成長時代に転換していくなかで生じていった。1960年代の高度経済成長、そして70年代の低成長は基本的には重工業中心であり、こうした日本の産業を支えた労働力の多くは、農山村部に滞留していた若い労働力によって担われた。すなわち、戦後日本の経済成長のなかで、農山村部は、その動きを支える若い労働力の供給地となっていたのである。農村部の若い労働力は次々と都市部へと流出していくことになる。さらに1970年代の低成長を経て、80年代に入ると日本も脱工業社会（ダニエル・ベル 1973）へと移行していく。工業から商業・サービス業、そして情報産業へと産業構造の転換が起きるとともに、工業自身も重厚長大から軽薄短小へ大きく転換する。日本はこの転換期もうまく乗り越えて、世界市場の中でつねに上位を占めてきた。

しかしながら、こうした産業構造の転換・発展の裏側で、農林漁業の衰退

写真8-1　津軽の村と岩木山
　　（2007年11月撮影）

写真8-2　稲刈りの終わった田んぼ
奥には茅葺き屋根の大家が見える。そんな津軽農村の美しい風景にも、産土の神社(右手の繁み)手前に携帯電話の電波塔が立った。(2007年11月撮影)

が進行していった。とくに1960年代後半に輸入自由化が始まると、価格の点で日本の農(林)産物は他国のものに太刀打ちできなくなっていく。次々と押し寄せる国際化の波のなかで、日本の第一次産業は力を失っていく。他方で、若年労働力は相変わらず積極的に都市部へと流入していった。北東北では中学校を媒介にした集団就職に始まり、その後も長期的に若年労働者の関東・関西への排出が進められていく。

　こうした結果、農山漁村では、農林漁業を担っている人々の人口高齢化が進んだのである（それはまた保健衛生、労働状況、食糧事情の改善による、平均寿命の延びをも反映している。日本はこの間に世界の最長寿国になった）。そのなかで、条件によっては挙家離村も生じ、耕作放棄地も増えていった。山林に手が入らなくなる。1980年代から90年代には、多くの市町村で、町おこし・村おこし・地域おこしの形で、こうした時代の流れに抵する動きも見られたが、バブル期を越えての活動の継続は少なく（一方で補助金がなくなったから活動がなくなったのであり、他方で、バブル経済期にはこうした地域おこしが実態としてはハコもの作りの形で実施された地域が多く、現在そのツケで財政難に陥っているところが多い。そしてこれらの施設も「上からの」指導で作ったものが多かったのである）、また平成の市町村合併により、地道な活動も多くが解体されていった。

　また、町も遅れて衰退の運命をたどったことを追記しておく必要があろう。日本の町を支えた中小工場の解体とともに、大型店・バイパス・自家用車交通のセットが各地に出現することによって、それまでの個人経営を基礎にした商店が閉店を余儀なくされている。豊かな町の中心的なシンボルであった商店街・デパートも、1980年代以降衰え始め、多くの中心商店街が（大都市のものを除いて）シャッター街となってしまった。町には人の姿が少なくなり、商店主自身すら町なかに居住しなくなっている。

　こうして見てくると、1960年代以降の地域社会の動きには、それまでと違って、各地域社会がもっていた活気・独自性・自律性が次々と失われていく過程を読み取ることができる。そして、S集落ではそれが、ダム移転という激変のなかで、集落解消へとつながったのだと筆者は解釈している。

　この集落では、1980年代に迎えたダム水没という事態を前に、基本的には淡々と山を下りる準備を進めていった。その背景には、図8-3に見たよう

に年齢別人口構成が転倒し、高齢者中心で、子どもたちのほとんどいないいびつな社会となっていた事情があったのである。「いつかは山を下りて子ども達の所へ」という心の構えは、この地域に限らず、多くの条件不利な農山村にはどこにでも見られるものである。

おわりに

　日本の近代化はどこに向かっているのだろうか。ここでは近代化を見る視点について、「多様な近代化のあり方」を強調して議論を始めた。日本の地域社会の近代化を見ていると、ある時期まで独自性・自律性の高い地域社会が存在し、それらが地域ごとに多様な形で近代化推進に関わってきたことが確認できる。しかしながら、その近代化過程が進展していくことによって、それを推進していた地域社会の独自性・自律性そのものが失われていくこととなった。そしてこのことは日本社会の近代化を、最終的には画一的な何ものかへと押し進めていっているように見える。

　戦前までの、「食べていくので精一杯」の状況から、戦後復興、高度経済成長を経て、1960年代から1970年代には「豊かな社会」が実現した。しかしその結果、地域社会の独立性は解消され、自治性も失われていく。もっともそれは必然的な結果でもあった。というのも豊かな社会の実現は、人々の関係、つまり個人と社会の関係性を、大きく変えることになったからである。それまでは人々は、地域社会のなかではじめて生きることができたし、その意味で個人と社会はつねに一体であった。これに対し豊かな社会のなかでは、人々は地域社会に頼らなくても生きていける。人々は―実際上は社会のなかではじめて生きているのではあるが―感覚上、社会とは独立した個人として生きることができるようになったのである。国家を除けば、我々を本当の意味で束縛するものはない（かのように感じられている）。そして今や、人々は個人でしか生きられなくなっているとも言えよう。

　こうした事態は果たして何を意味しているのだろうか。ここでは、これを管理社会＝大衆社会が生まれてくる過程として描く議論に引き寄せておきたい。もちろんこれは歴史のある一面を強調した物語ではある。それでも社会学にはそうした形で近代化の状況を解読する研究は多い。

例えば1980年代に、日本の都市社会学者・鈴木広（1986）は、こうした状況をジャン・ポール・サルトルの言葉を借りて次のように表現した。「たえず全体化する全体性と、たえず私化する私性」。地域社会レベルで言えば、我々の社会は、様々な中間的な装置を媒介させることで、個人と社会の関係をとりもっていた。こうした体制がまた、急速な近代化をも可能にしたのである。しかしいまや国家・市場がもたらす近代社会の体制が、社会と個人の間の中間的媒介を解消し、個人を剥き出しにしている。より小さな単位は解消し、より大きな管理社会へと移行しつつある。剥き出しにされた個人は、私的欲望をたえず増幅させ、この私化をもって、全体化はさらに全体化を強めていく。

デュルケムはさらに100年ほど前に、こうした事態をふまえて、中間集団の創出を近代化の病理を解消する手段としてあげていた。本章の記述ではユートピア的な近代化論を中心に取りあげたが、ウェーバー的なペシミズムを共有しながらも、個人と社会をつなぐ中間的媒介の新たな構築を展望する議論も社会学には多い（テンニエスのゲノッセンシャフト、ハーバーマスの公論など）。そうした議論の伝統をふまえて、例えば、1995年阪神淡路大震災の際に自生した、震災ボランティアという形での自発的な社会集団・ネットワーク形成の動きに、多くの論者が21世紀型の社会の理想像を見たことはまだ記憶に新しい。この経験はさらに、1998年特定非営利団体活動促進法（通称NPO法）に結実して、その後の日本社会の集団形成の方法に新たな手がかりを確立していくこととなった。実際にこのNPOによって、新たな社会集団が全国的にも数多く結成され、活動を始めている（山下・菅 2003）。

こうした新たな社会関係の形成が21世紀の社会を変えていくのだろうか。またそこで地域社会はいかなる形になりうるのだろうか。それともまた、それ以外の新たなシナリオも今後登場しうるのだろうか。筆者の予想は決して明るいものではないが、時代に期待し、時流に乗るよりも、時代に棹さし、抗する力の方が、少なくとも現在の社会学的認識に関しては真実を見誤らないために必要なのではないかと思う。

8章 日本の近代化と地域社会

【参考文献】

秋元律郎・倉沢進 1990『町内会と地域集団』ミネルヴァ書房
有賀喜左衛門 1967『近代化と封建遺制(有賀喜左衛門著作集Ⅳ)』未来社
ウェーバー, M. 1955－1962 梶山力・大塚久雄訳『プロテスタンティズムの倫理と資本主義の精神(上)(下)』岩波文庫
大野晃 2005『山村環境社会学序説 現代山村の限界集落化と流域共同管理』農文協
ギデンズ, A. 1993 松尾精文・小幡正敏訳『近代とはいかなる時代か？ モダニティの帰結』而立書房
清水幾太郎 1977『昨日の旅』文藝春秋(『清水幾太郎著作集16』(講談社)に所収)
庄司俊作 2003『近現代日本の農村 農政の原点をさぐる(歴史文化ライブラリー155)』吉川弘文館
鈴木広 1986『都市化の研究 社会移動とコミュニティ』恒星社厚生閣
デュルケーム, E. 1971 田原音和訳『社会分業論』青木書店
テンニエス, F. 1957 杉原寿一訳『ゲマインシャフトとゲゼルシャフト(上)(下)』岩波文庫
富永健一 1990『日本の近代化と社会変動』講談社学術文庫
パーソンズ, T. 1971 矢沢修次郎訳『社会類型──進化と比較(現代社会学入門10)』至誠堂
ハーバーマス, J. 1973 細矢貞雄訳『公共性の構造転換』未来社
ベック, U.・ギデンズ, A.・ラッシュ, S. 1997 松尾精文・小幡正敏訳『再帰的近代化』而立書房
ベラー, R.N. 1996 池田昭訳『徳川時代の宗教』岩波文庫
ベル, D. 1975 内田忠夫ほか訳『脱工業化社会』ダイヤモンド社
マルクス, K.・エンゲルス, F. 1951 大内兵衛・向坂逸郎訳『共産党宣言』岩波文庫
山下祐介・菅磨志保 2003『震災ボランティアの社会学』ミネルヴァ書房
山下祐介 2008「白神山麓山村の変容と流域社会──津軽ダム水没集落の記憶」、山下祐介・作道信介・杉山祐子編『津軽、近代化のダイナミズム』御茶の水書房
ロストウ, W.W. 1961 木村健康ほか訳『経済成長の諸段階』ダイヤモンド社

【キーワード】

家・村・町：日本の社会は家・村・町で構成されてきたと言われている。家は家族(family)とは違い、個人を越えて永続的なもの、またそこで人々の生存に必要な資源を供給するものである。村や町は、こうした家々の連合によって構成されて来たと論じられてきた。戦後の民法改正と大きな社会変動は、こうした日本社会の基礎構造を大きく変えてきた。

集落の限界と消滅：本章ではダム水没による集落消滅の事例を取りあげたが、過疎地域では今さらに、集落の限界と消滅が大きな問題となっている。限界集落は集落の65才以上人口が50%以上を指し、社会的共同生活の維持が困難な集落を言う。その前段階を準限界集落(55歳以上人口が50%以上)、また限界を超えると消滅集落になるとされている。もっとも人口指標はあくまで目安であって、社会共同生活の維持がどのような形で困難となるのかについては地域差が大きいともされる(大野晃 2005)。

【Q & A】

質問 日本社会の近代化の特徴は？
答え 西欧近代化に対して、日本社会の近代化は「上からの近代化だ」と言われています。江戸時代の長い鎖国の後、幕末の開国・明治維新を経て、日本社会は政府主導で産業化・民主化を進めてきました。
質問 それは過去の特徴なのですか？
答え 政府主導の近代化は戦後、高度経済成長期にも顕著に見られましたし、現在でも様々な改革が上から行われていることはご存じだと思います。
質問 ということは日本人は権力に従順だということですか？
答え 必ずしもそうとは言えません。社会変動は多くの人々の主体的な集合行動が引き起こすものです。日本社会は要するに、政治・行政上層部の動きを、村や町、様々な機関や組織を通じて強力に支持し、実行する庶民機構をもってきたと言えます。ただしそうした庶民の機構がこれからどうなるのかは、分権や地方自治とともに地域社会の解体が問題視されているなか、議論がまたれるところです。

【コラム】
計量調査で人を知る、社会を知る

石黒　格

はじめに

　統計的な社会調査(計量調査)の結果を見るとき、あるいはその対象者となってしまったとき、「こんな調査でなにがわかる」と反発したことはないだろうか。何百もの人を集め、その回答を比率にしたり平均値にしたり。そうしたことで、自分たちの何がわかるというのかと。まして、そのような方法が、心理学の主要な方法だと聞いたら、「たかが冊子一つで、人の心の何がわかるというのか」と言いたくもなるだろう。

　実際、筆者自身の調査経験のなかでも、「こんなもので何がわかる」という反応を受けることは多い。しかし、そうした直観は間違っている。計量調査と統計は、誰か一人の心に徹底的に寄り添う方法と同じく、時にはそれ以上に人間の本質について、また心のあり方について知るための道具となりうるのである。筆者はむしろ、この道具なくして人の心を理解することなどできないと考えている。

　このコラムでは、「数値化されたデータ」を分析する計量調査で人の心の何が明らかにできるのか、実例を挙げながら紹介していこう。

1. 計量調査とはどのような方法なのか

　例えば、「日本の社会における、人々の性別役割分業に対する態度を知りたい」と考えたとき、どのような方法を考えるだろうか。聞き取りを選んだなら、何人かの対象者からじっくりと「性によって社会で与えられる役割が変えられることについてどう思うか」を質問し、答えを引き出していくことになるだろう。観察を選んだなら、男女が社会的活動を行っている場所に出

向き、人々の言動を記録していくことになるだろう。

　計量調査という方法を選んだ場合、調査回答者一人一人に性別役割分業についての態度や行動を尋ね、選択肢を提示し、彼／彼女らがどの選択肢を選んだかを集計する。この集計データに様々な方法を用いて分析し、そこから社会全体の傾向を把握しようとする。

　多くの人がすぐに感じるように、この方法では1人1人の態度を深く知ることはできない。しかし、逆に1人1人を深く知る方法ではわからない、次のような問を解決できる。私たちの社会では、この考え方に賛成している人が多いのだろうか、少ないのだろうか。強い賛成、強い反対といった「強い態度」をもっている人はどのくらいいるだろうか。賛否の態度を表明できる人はどのくらいいるだろうか。そもそも、どのような人たちが賛成し、どのような人たちが反対するのだろうか。1人1人を深く知れば、「その人はなぜ」という問に答えることができるが、逆に「その人々」、つまり集団全体のことはわからない。社会全体について知るのは、もっと難しい。問が、大規模な集団全体を対象にしているのなら、計量調査は大きな力を発揮する。

2. 具体例——人々の性役割への態度を知る

　図9-1に示したのは、筆者が2003年に行った調査で、実際に用いられた質問項目である[1]。そのなかで、とくにaの質問項目が性別役割分業について

問　「家」や「家族」についての次のような意見に、あなたご自身は賛成ですか、反対ですか（○はひとつずつ）。

	賛成	どちらかといえば賛成	どちらかといえば反対	反対	特に意見はない
a. 男性は外で働き、女性は家で家庭を守るのがよい	1	2	3	4	5
b. 嫁に行った娘は、嫁ぎ先の家の人間だ	1	2	3	4	5
c. 長男が家を継ぎ、お墓などの世話をするのがよい	1	2	3	4	5

図9-1　性別役割分業に対する態度を測定する質問項目の例
　　　　特にaが性別役割分業に対する態度を測定している

1　この調査は日本学術振興会の科学研究費補助金の助成を受け、東京都、埼玉県、群馬県、宮城県に在住する、計2,000人を対象に行ったものである。417人は調査に協力してくれた回答者である。回収率は高いとは言えないため、この結果には一定のバイアスがかかっていると考えるべきだろう。

の態度を測定している。

　自分なら、どれを選ぶかと考えてほしい。そして、自分の態度は社会のなかで多数派と少数派のどちらなのかを想像してほしい。多くの調査対象者に協力をもとめ、集計することで、私たちが生きる社会のなかで、どんな回答が、どれくらいを占めるのかを知ることができる。調査の結果を、まとめたのが**表9-1**である。

表9-1　それぞれの選択肢を選んだ回答者の比率(417人中での％表示)

	賛成	どちらかといえば賛成	どちらかといえば反対	反対	特に意見はない	無回答
男性は外で働き、女性は家庭を守るのがよい	8.4	34.1	22.5	16.8	8.9	9.4
嫁に行った娘は、嫁ぎ先の家の人間だ	13.7	34.3	19.7	15.8	7.4	9.1
長男が家を継ぎ、お墓などの世話をするのがよい	13.9	33.3	18.9	13.2	11.8	8.9

　端的に男女の役割分担について言及している「男性は外で働き、女性は家で家庭を守るのがよい」に注目してみると、賛成寄りの人が8.4＋34.1＝42.5％で、反対寄りの人が22.5＋16.8＝39.3％だということが、表9-1から読み取れる。同じ時期（2004年11月）に国が行った世論調査では、「男性」が「夫」に、「女性」が「妻」にと言葉が変わっているのだが、賛成寄りの人が45.2％、反対寄りの人が48.9％となっているから、比較するとこの調査では賛成寄りの人が多めになっている。これは、相対的に高齢の回答者が多くなっているためである。4都県の人々では、「意見はない」と、この問題について判断を保留している人々が8.9％いることもわかるだろう。4都県の人々がこの問題についてどのように考えているのか、この結果から洞察を得ることができたわけだ。

　調査をしていてより興味深いのは、回答者を様々な側面で分割し、「どのような人々が何を考え、何をしているか」を知ることである。高齢者が多いので賛成が多数派になったと書いたが、このことも調査から確かめられる。50歳以上と50歳未満でそれぞれ集計すると、50歳未満の回答者142人では賛成が6％、どちらかと言えば賛成が27％であるのに対して、50歳以上の回

答者275人ではそれぞれ9％、37％となるのである。つまり、平均的な意見には、世代差が確認できるのである。

性別、学歴、仕事など、分割の基準はいくらでも考えられる。そうして、「誰が賛成しやすいのか、反対しやすいのか」という問に対する答えが得られていく。このように、一人の個人を様々な側面から測定の対象とし、測定された変数同士の関係から社会の、人間のあり方を捉えるのが計量調査である。

3. 計量調査で捉えられる「社会」

計量調査は、社会を捉えるのにも有効な方法である。計量調査では、社会のなかで生活する多くの人々が対象となる。私たちの社会を、「多くの人々の集合体」と考えるとき、計量調査が捉えているのは、そうした「社会」そのものとなる。大学に進学する、しないは、個人の選択である。しかし、すべての高校卒業者についてその選択を調査し、卒業者のどれだけが大学に進学したのかを明らかにしたとき、その「大学進学率」は私たちが生きる社会そのものの属性として扱われることになる。

数値化された情報として、私たちは曖昧な「社会」を、あたかも実体的なものとして扱うことができる。実体的なものであるから、それは「記録」することができる。複数の「記録」を並べてみれば、それを「比較」することもできる。私たちが、幼いころからの自分の写真を並べ、「大きくなった」と、過去と現在の差異に感嘆するように、時代とともに社会がどのように変化してきたのかを検討できるのである。

例えば、5章で羽渕が取り上げた恋愛についてのデータは、私たちの社会のなかで、恋愛と呼ばれる意識や感情、そして行動が、どのような存在であったのかを端的に示してくれる。つまり、「社会における恋愛の位置づけ」が記録されているのである。そして、例えば5章の図5-2のように、異なる時代に行われた調査結果を比較することで、その位置づけの変化を知ることができる。個人的な体験としては見えない社会の変化が、計量調査による記録と比較によって鮮やかに示されるのである。

4. 計量調査で捉えられる「人」

　統計を用いて多くの人々、出来事を集積する。この作業は、むしろ、私たちの日常的な観察にこそ含まれる歪みを正し、私たちの知を深める武器にもなる。私たちの人間観さえ、その例外ではない。

　例をあげよう。私たちは、「殺人事件」と聞いたとき、どんな情景を思い浮かべるだろうか。誰が誰を、どんな理由で殺すと思うだろうか。自分は、誰に殺される危険がもっとも大きいだろうか。実は、統計的に見れば、私たち自身を殺す確率がもっとも高いのは、サイコ・キラーでも通りすがりの暴漢でもない。日本の殺人は、家族の間でも多く、友人や知人との間での殺人を加えると、それで事件の大半を占める。家族のなかでは配偶者、とくに夫による妻の殺害が多い。つまり、ある女性が「誰が自分を殺す危険が大きいか」と考えたとき、もっとも当たりやすい答えは、「夫」なのである。

　昨今話題の「心の闇を抱えた10代」やら「キレやすい若者」やらが、私たちに突然に襲いかかってくることは、まずない。日本の若者は国際的に見て驚くほど人を殺さないし、暴力にも手を染めないのだから。日本においては、殺人の加害者の比率は、20代後半から30代にピークがあり、それは男女とも変わらない[2]。

　日々の生活をただ送っている限り、私たちは自分自身を殺す可能性と、自分自身が殺す可能性が高いのが、自分と親しい人々だと知ることはない。私たちの思考は、印象的な事例に左右されがちである。国際的に見て殺人の少ない日本に住んでいれば、殺人事件に関わることなどほとんどありえず、そのことがさらにマスメディアなどを通して得た事例についての情報に依存して殺人について考える傾向を助長する。若者や外国人、昨今では「変質者」も含めて、特定の人々が過剰に責められるのは、そのためである。

---

[2] 日本の状況については、
　　長谷川眞理子・長谷川寿一・湯佐昌明 (1997)「殺人とリスク行動の人間行動生態学に関する予備的研究」『専修自然科学紀要』28、pp. 27-39
　　を参照するとよい。ただ、紀要は手に入れにくいこともあるので、一般的な議論として、
　　M. デイリー・M. ウィルソン、長谷川眞理子・長谷川寿一訳『人が人を殺すとき：進化でその謎をとく』新思索社
　　を読むのもいいだろう。やや高いが、刺激的な一冊である。

個別の事例を詳細に追う努力では見ることのできない私たちと社会の姿が、量的な把握を通して発見される。ここに、計量調査の面白みがある。そして、事例中心に出来あがった私たちの知の誤りを正してくれることもあるのである。

5. 計量分析で垣間見る「私たち」は近代的か？

では、計量調査を通して私たちの目に映る人間は、どのような姿をしているだろうか。現代の日本社会を生きる私たちが、実は理念的な「近代人」ではないことは、作道が4章で明らかにしていることだが、計量的な方法で、改めて見ていくことにしよう。

近代的人間観と簡単に言うが、その言葉が含む範囲が広く、多様であることを、このテキストを読み進めてきた読者は理解しているだろう。その全体を取り扱うには紙幅が足りないので、ここでは重要な側面について、ひとつだけ検討しよう。個人の対等性、平等性である（余談だが、このようにものごとを要素に分解し、ひとつだけを取り出して検討するのも、近代的な作法だと言える）。

6. 近代的人間観のなかでの対等性

"All men are created equal"[3] は、アメリカ独立宣言の有名なフレーズである。このなかに示されているように、近代社会においては、私たち人間はすべて対等な存在であることが前提とされている。選挙の投票に行くとき、私たちが手にしているのは等しい一票である。しかし、なぜ等しく一票なのだろうか。私たちの社会への貢献には個人差がある。収める税金の額は、目に見える差として明確だろう。にも関わらず、すべての市民は等しい一票「しか」もたない[4]。

---

[3] men は man の複数形であるが、オックスフォード現代英英辞典によると、その第一義は「成人男性」であって、「人間」は二番目に出てくる。独立宣言の当時、この men が「男性」、それも「白人男性」のみを指していたことは、今さら指摘するまでもない。この後、men に含まれる範囲を「人間」に拡大していく作業が政治的な闘争として続いたし、今でも続いている。

[4] つまり、平等 equality は保たれているが、公平 equity は保たれていない。平等と公平の違いは社会科学においては重要であるので、理解しておく必要がある。乱暴にまとめてしまえば、平等は全員が等しい扱いを受けることだが、公平は貢献に応じた扱いを受ける。

答えがあるとしたら、近代的人間観において、すべての人々が対等（平等）だからである。いかなる理由があっても、私たちは互いに対等である。どちらかが優越していることはないし、誰かが誰かに何かを強制することはできない。つまり、私たちは他者に対してパワー（権力がそのひとつだが、実はその範囲は広い）をもつことができないのである。唯一、選挙を通して選ばれた政府だけがパワーを有する[5]。

近代において、人は自律性を備えており、自律的な個人間の関係は対等であると考えられてきた。社会制度の設計も、そうした前提に基づいていた[6]。では、近代化が推し進められた現代社会において、これらの原則は十分に満たされているだろうか。人々の関係は対等だろうか。計量調査を用いて私たちの対人関係について検討したとき、そうした原則とは大きく異なる姿が浮かび上がってくる。

7. 男女は対等か

すでに紹介した2003年に行われた調査では、回答者につきあいのある他者を紹介してもらうという手法を用いている。データのなかには、ある人と、その人とつきあいのあるもう1人が含まれている。このことにより、この2人をペアにして、回答者がふだんの人間関係のなかで、どのような相手に対して「対等だ」と感じているのかを検討できる。まず、ペアの相手と「独立した人間として対等な関係」であるかを尋ねた質問への回答を検討しよう。この問に対して、自分たちの関係が「あてはまる」と答えた回答者は55.4％だった。つまり、ほぼ半数が自分たちの関係を対等ではないと評価していることになる。対等な人間関係が近代社会の特徴だとしたら、日本社会は近代化されているとはとうてい言えないことになる。

---

[5] 一部の人々が、例えば上司から命令を受けるのは、金銭などの対価を受けて命令に従う契約を結んだからである。この契約は対等の関係で結ばれるので、対等性の原則が破られているわけではない。少なくとも、建前の上では。

[6] それだけでなく、対等な人間関係が経済発展を含む社会制度のパフォーマンスに強く影響していると主張されている。参考文献にあげた
　R.D.パットナム（河田潤一訳）の『哲学する民主主義：伝統と改革の市民的構造』を参照のこと。

表9-2には、ペアの性別によって対等感が異なることが示されている。評価する側が男性でも女性でも、同性のペアよりも異性のペアで対等感

表9-2　回答者が「独立で対等な関係だ」と相手を評価した率　　　　(%)

		評価される側が	
		男性	女性
評価する側が	男性	63.9	48.6
	女性	50.0	63.5

が低いのである。このことは、男女の間では対等ではない関係が存在しやすいことを示している。

「対等か、対等ではないか」という質問だけでは、どちらが優位でどちらが劣位かはわからない。しかし、データに含まれる他の情報と組み合わせて考えると、劣位にいるのは女性だということが見えてくる[7]。

例えば、男性が女性との関係について答えたときには、女性が男性との関係について答えたときよりも、その関係を通して「自分が成長できる」とは考えない傾向がある (20.7% 対 44.6%)。男性が女性に対して「感謝の気持ちをもっている」と回答する率は、女性が男性に感謝する率より低い (56.5% 対 71.7%)。そして、女性のほうが相手に「困ったときはすぐ頼ってしまう」と答える人が多い (35.8% 対 51.8%)。これらの結果を見れば、男性が女性に対して、様々な意味で優位な立場にいると推測できるだろう[8]。

8. 女性の政治的洗練性が無視される

政治的洗練性 political sophistication という概念がある。この概念は政治学や投票行動では重要な概念である。政治について考えたり行動したりするときに、政治的洗練性の高い人々は、より洗練されたやり方をする。つまり、合理的に考えたり、多くの側面から多角的に問題を考えたりでき、単純なメッセージに流されないのである。

社会的なニュースについての知識は、政治的洗練性を表す指標のひとつで

---

[7] データに含まれる異性間のペアは大半が夫婦関係である。この結果は、基本的には夫婦関係についての結果だと考えるほうがいいだろう。異性の友人、あるいは恋愛関係の相手にも同じことが言えると考えるべきではない。

[8] これらの数字は、回答者の年齢、教育年数、常勤職の有無を「統計的に統制して」いる。つまり、年齢が若くても歳を取っていても、教育歴が長くても短くても、仕事に就いていてもいなくても、このような傾向が確認できるということである。

表9-3 「全国的な出来事や事件、ニュース」に
詳しいと評価された比率と性別　　　（％）

		評価される側が	
		男性	女性
評価する側が	男性	45.8	19.8
	女性	71.4	40.1

ある。しかし、他者の社会的なニュースについての知識を評価するとき、男性の女性に対する評価が極端に低い。表9-3に示したのは、「全国的な出来事や事件、ニュース」に詳しいと評価された人の比率である。4つに分けられているのは、評価する側と評価される側の性別によって、「詳しい」とされた人の比率が変わることを示すためである。評価する側とされる側がともに男性の場合とともに女性の場合、つまり、同性の知識を評価した場合には、詳しいと高く評価される率は、4割前後で変わらない。しかし、異性を評価する場合では、大きく数字が変わる。男性が女性から評価されたとき、71.4％が詳しいと高く評価されるのに対して、女性が男性から評価されたときには、わずかに19.8％が詳しいと評価されるのにすぎない。女性は男性から、知識がないと評価されやすいのだ。

驚くべきことに、この差は評価される側の男女が実際にもっている知識の量とは無関係である。女性は知識がないから低く評価されるのではない。男性も、知識があるから高く評価されるのではない。「男性だから」高く、「女性だから」低く評価されているのである。とても対等な関係とは言えない。

21世紀初頭の日本社会では、女性の社会進出、政治進出が重要な課題となっている。しかし、ニュースについて劣った知識しかもたないと感じる相手を、本気で仕事や政治のパートナーとして選ぶだろうか。1人1人が相手を評価するのは、個人的な行為である。しかし、偏った個人の行為が積み重なったとき、それは社会全体での女性の社会進出を阻害する、重大な問題になる。

9. 理念としての近代性と現実とのギャップ

以上の分析は、私たちの日常の人間関係が、必ずしも自律した個人の対等な関係という、近代的人間関係だけではないことを示している。このことは、「当たり前」のように感じられるかもしれない。私たちは日常的に「対等ではない」人間関係を感じている。他者から影響され、ときに強制さえ受ける。

しかし、計量データとして集合的に見たとき、そこで現れてくる像は日常的な経験とは異なった、ときにそれを超えたものとなる。女性が様々な側面でこのように低く評価されていることを、日常的な経験から容易に予測できるだろうか。男性たちは、自分たちがここまで相手の性別で評価を変えていると気づいていただろうか。このように、計量データが示す社会全体の像は、「実感」とはかけ離れていることさえあるのである。

私たちは、対等な人間関係をひとつの理想型としている。しかし、理念、あるいは理想としての対等性と現実の非対等性のギャップは大きく、私たちの人間関係に様々な形で影響する。例えば、対等ではないという評価を相手から受けているときに、不満が高まる。回答者がペアとの関係を対等だと評価しているときには相手の72.3％が関係に満足しているが、対等ではないと評価しているときには、62.1％しか満足していなかったのである。「自分が対等だと感じていないときに」ではない。「相手から対等だと思ってもらえない」ことが、関係への満足感を下げていたのである。

こうした傾向を個々人が自らの経験を通じて「発見」することは難しい。計量調査を行ったからこそ「見える」のである。

おわりに──近代化のなかで

私たちが生きる現代社会は、ポストモダン、つまり近代後（近代化後）の時代にあると言われる。理念的には、近代化は、大きく進み、終わったこととさえされるわけだ。しかし、どれだけ近代型の社会制度を取りこもうと、理念としての近代人をどれだけ作り出そうとしても、容易にすべてが近代化されるわけではないのである[9]。まして、長い進化の歴史のなかでできあがってきた私たちの心が、たかだか数百年の時間で根底から変わってしまうことなど考えられない。

私たち自身のなかに、あるいは人間関係のなかに、近代化されない部分は残っている。私たちは近代化される社会のなかで、近代と前近代の狭間に生きているのである。近代を理念としながら、私たちは部分的にしか近代的で

---

9 そもそも「近代」というモデルがある地域の、ある歴史的特殊性のなかで成立したことは、山下の8章に詳しい。

はないし、そうした私たちが結ぶ人間関係もまた、部分的にしか近代的ではない。こうしたギャップは他者への不満だけでなく、様々な現象を私たちと、私たちの人間関係のなかに起こすだろう。そうした問題について考えるのは、社会科学の重要な課題である。

　計量調査は、そのための有用な方法である。当たり前であるからこそその意味に気づかないこと、気づいていたとしても、それがどれほどの意味をもつのかわかりにくいこと、そして、計量調査以外では気づくこともできないこと。そうした多くの問題を、計量調査という方法で明らかにできるのである。

著者紹介 (執筆順)　　○ 編者
　　1) 生年と現職　2) 担当章　3) 専門　4) 研究テーマ　5) ひと言

○ 作道信介 (サクミチ　シンスケ)
1) 1958年生。弘前大学人文学部教授。
2) 序章と4章
3) 社会心理学、医療人類学。
4) 近代化の社会心理学、牧畜民トゥルカナの病気対処。
5) アフリカと日本でフィールドワークをしています。その往復で見えてくるものを大切にしたいと思っています。

曽我亨 (ソガ　トオル)
1) 1964年生。弘前大学人文学部准教授。
2) 1章
3) 生態人類学。
4) ヒトと自然の関係を見直すことで、民族問題や難民問題、資源をめぐる競合問題などに新しい視点をもたらそうとしています。
5) フィールドで感じる「不思議」をもとに考えるのが大好きです。

丹野正 (タンノ　タダシ)
1) 1946年生。弘前大学大学院地域社会研究科教授。
2) 3章
3) 生態人類学。
4) 狩猟採集民の生態と社会。
5) 人類学者とは反対に、狩猟採集民ピグミーが近代市民社会の人々を目にしたなら、この人たちは何と奇妙な人間関係と生き方・考え方をとっているのか、しかもこの人たちはそれを奇妙なこととはまったく思っていない、それはなぜなのか、とかれらは問うことでしょう。我々のことだけではなく自分たち自身のこともよく考えてみろ、と私はかれらから無言のうちに言われていたようです。

杉山祐子 (スギヤマ　ユウコ)
1) 1958年生。弘前大学人文学部教授。
2) 2章
3) 生態人類学。

4) アフリカの在来農業と農耕民社会の近代化、ジェンダーの視点を取りこんだ社会変容研究。
5) ベンバの人々の威厳あるたたずまいにひかれて、ザンビアとタンザニアでフィールドワークを続けてきました。各地で見られる在来農業の多様さは驚くばかりです。

羽渕一代 (ハブチ　イチヨ)
1) 1971年生。弘前大学人文学部准教授。
2) 5章
3) 情緒社会学、コミュニケーション論。
4) 親密性と近代化、メディア文化、青年文化。
5) 急激な社会変動のなかで、変容していく親密な人間関係のゆくえを知りたいと思っています。

山口恵子 (ヤマグチ　ケイコ)
1) 1969年生。弘前大学人文学部准教授。
2) 6章
3) 都市社会学。
4) 都市の貧困と社会的排除、労働と移動。
5) 様々な人が生きることのできる都市が好きです。

髙瀬雅弘 (タカセ　マサヒロ)
1) 1973年生。弘前大学教育学部講師。
2) 7章
3) 歴史社会学、教育社会学。
4) 近代化過程における青年期の変容。
5) 都会に出たときの気持ちの高まり。それが僕の研究の原点です。人はなぜ都市に惹きつけられるのか。その理由を、ありふれた「庶民」の人生の記録から読み解こうとしています。

山下祐介 (ヤマシタ　ユウスケ)
1) 1969年生。弘前大学人文学部准教授。
2) 8章
3) 社会理論、地域社会学、環境社会学。
4) G. H. Mead、災害、過疎、河川、山村など。

石黒格（イシグロ　イタル）
1) 1974年生。弘前大学人文学部准教授。
2) コラム
3) 社会心理学、パーソナル・ネットワーク。
4) 一般的信頼、若者の社会的移動、就業と対人関係の変化。
5) 人間の本質とは何か、本質の上にかぶせられる環境やら文化やらの影響が、その本質とどう相互作用しながら私たちの世界を形作っているのかを考えています。

索　引

〔あ行〕

アトピー現象	79, 87
荒木茂	43, 48, 49
有賀喜左衛門	171
家・村・町	179
意識構造の近代化	5, 8
医療化	84-86, 98
医療化・脱医療化	12, 79, 86
インフォーマルセクター	125, 126, 129, 130, 136, 137
隠喩としての病い	96
ウェーバー	173, 174, 188
ウォーラーステイン	3, 26
エージェント	81
エリアーデ	23
エンパワーメント	8, 94, 95
大橋英寿	80, 82-84
沖縄の二重治療システム	82

〔か行〕

会社本位主義	177
学歴社会	13, 144-147, 152, 155, 163-168
掛谷誠	49, 51, 52
重なり合う現実	81
過少生産	36, 49, 50, 52, 57
過疎・高齢化	15, 178, 180
語り	86
貨幣	59, 71
過防備都市	139
環境の情報化	112
環境利用システム	38
環節的社会	21
管理社会	13, 187
機械的連帯	21
ギデンズ	5-7, 16
教育機会	156, 161, 165, 167, 168
教育勅語	178
共時的	33
共生関係	59, 72, 74
業績主義	13, 144, 146, 147, 164, 165, 167
居住集団（バンド）	62
近代化	98
上からの――	13, 170, 176, 177, 190
再帰的――	172
西欧――	31, 169, 170
多様な――	187
日本の――	13, 169-190
近代化理論	4, 13, 39, 40
近代世界システム	26
空間管理	123, 137
グローバル化（グローバリゼーション）	33, 175
経済成長の発展段階説	172
計量調査	13, 191-201
限界集落	189
交換	51, 67, 71, 74
交換価値の文化	50
工業化	3
高度近代	5, 6, 8
互酬的な関係	51
高度経済成長	3, 164, 174, 177, 184
合理化	173
国民所得倍増計画	177
55年体制	177
個人化	114
国家神道	178
コント	176

〔さ行〕

サーリンズ	49, 50	全国総合開発計画	177
再帰性	6, 7, 172	相互扶助関係	51
再生産	13, 144, 162-165, 167	相対化	22, 38
在来農業（在来農法）	38, 39, 48	属性主義	144, 146, 164, 165, 167
産業化・工業化	4, 26, 151, 168, 173-176, 178	組織的社会	21
ジェネラリスト	19, 47, 48		

〔た行〕

時空の分離	6		
自己	106	大衆教育社会	165
自然村	179	大衆社会	13, 187
持続的発展論	40	対等性	196
資本主義	173	代替医療	79, 85, 86
国家独占――	178	多元的な近代	4, 8
社会階層	149, 164, 167	多元的現実	80-82, 97
社会システム	173, 174	脱医療化	85, 86, 98, 100
社会的排除	135, 141	脱埋め込み	6
シャーマニズム	83, 84	脱工業社会	184
従属論	40	多様性	38
集団就職	186	単一作物栽培（モノカルチャー）	27, 39, 58
周辺	26	小さな政府	134, 137
重要な他者	106-109	中核	26
主体的な活動	34	直線的な時間	23
狩猟採集民	50, 59, 60, 72	通時的	33
循環する時間	23	創りだされた「伝統」	31
使用価値の文化	50	鶴見和子	40, 57
焼土効果	45	低開発化	26
常畑	39, 54	低成長	184
自律	23, 54	デュルケム	20, 188
自立	3, 13, 14, 15, 123, 132, 133, 135-139	天皇制イデオロギー	176, 177
素人療法	81, 86	等身大の対処	98
鈴木広	188	富永健一	173-176
スチュアートヘンリ	28		
スティグマ	125		

〔な行〕

スペシャリスト	20	内発的発展	179
西欧近代的なパラダイム	40	内発的発展論	36, 40, 57
政治的洗練性 political sophistication	198	二重治療システム	79
制度化された妬み	52	野の理論	81
世界システム（論）	4, 5, 8, 15, 40, 175		
世俗化	173		

〔は行〕

選挙権	178	排除型社会	13, 139, 140

バーガー	5, 16	マルクス主義	172
パーソンズ	173	民族誌（エスノグラフィー）	8, 49
ハーバーマス	188	明治維新	178
バブル経済	174, 186		
パワー	197	**〔や行〕**	
ピグミー	11, 12, 59, 60, 74, 75	焼畑農耕民	11, 59, 60
微小民族誌	87, 97	有機的連帯	21
フィールドワーク・現地調査	8, 9, 11, 14, 15, 19, 37, 41, 126, 140, 144	要塞都市	139
福祉国家	123, 133, 134	**〔ら行〕**	
フーコー	23	ライフコース	113, 144, 151, 152, 167
部族（トライブ）	29	ライフヒストリー	27
プリモダン	174	立身出世主義	149, 153, 167
『プロテスタンティズムの倫理と資本主義の精神』	173	リチャーズ	40, 41
		恋愛結婚	103, 104
平準化機構	11, 39, 51, 52, 57, 58	ロストウ	39, 172
ベラ	176, 177		
封建制度	23	**〔わ行〕**	
包摂型社会	140	分かち合い	66, 71, 74
ボランティア	188		
		〔欧字〕	
〔ま行〕		NPO	188
松田素二	27		

近代化のフィールドワーク──断片化する世界で等身大に生きる〔改訂〕 (ハイモダニティ)		
2008年5月15日 　初　版第1刷発行		〔検印省略〕
2010年3月31日 　改　訂第1刷発行		＊定価はカバーに表示してあります。
2011年9月20日 　改　訂第2刷発行		

編者 © 作道信介　／発行者　下田勝司　　　　　　印刷・製本　中央精版印刷

東京都文京区向丘 1-20-6　郵便振替 00110-6-37828
〒113-0023　TEL 03-3818-5521（代）FAX 03-3818-5514　　発行所　株式会社 東信堂
E-Mail tk203444@fsinet.or.jp

Published by TOSHINDO PUBLISHING CO.,LTD.
1-20-6, Mukougaoka, Bunkyo-ku, Tokyo, 113-0023, Japan
ISBN978-4-88713-839-1 C3036 © Shinsuke, Sakumichi

東信堂

グローバル化と知的様式―社会科学方法論についての七つのエッセー	J・ガルトゥング 大矢 澤修次郎訳 光太郎	二八〇〇円
社会階層と集団形成の変容	丹辺宣彦	六五〇〇円
世界システムの新世紀―グローバル化とマレーシア 集合行為と「物象化」のメカニズム	山田信行	三六〇〇円
階級・ジェンダー・再生産 現代資本主義社会の存続メカニズム	橋本健二	三二〇〇円
現代日本の階級構造―理論・方法・計量分析	橋本健二	四五〇〇円
人間諸科学の形成と制度化―社会諸科学との比較研究	長谷川幸一	三八〇〇円
現代社会と権威主義―フランクフルト学派権威論の再構成	保坂 稔	三六〇〇円
現代社会学における歴史と批判（上巻）グローバル化の社会学	山田信彦編 武川正吾	二八〇〇円
現代社会学における歴史と批判（下巻）近代資本制と主体性	丹桐新自編 片桐	二八〇〇円
近代化のフィールドワーク―断片化する世界で等身大に生きる	作道信介編	二〇〇〇円
自立支援の実践知―阪神・淡路大震災と共同・市民社会	似田貝香門編	三八〇〇円
[改訂版]ボランティア活動の論理―ボランタリズムとサブシステンス	西山志保	三六〇〇円
貨幣の社会学―経済社会学への招待	森 元孝	一八〇〇円
捕鯨問題の歴史社会学―近代日本におけるクジラと人間	渡邊洋之	二八〇〇円
覚醒剤の社会史―ドラッグ・ディスコース・統治技術	佐藤哲彦	五六〇〇円
情報・メディア・教育の社会学―カルチュラル・スタディーズしてみませんか？	井口博充	二三〇〇円
BBCイギリス放送協会（第二版）	簑葉信弘	二五〇〇円
記憶の不確定性―社会学的探求 アルフレッド・シュッツにおける他者・リアリティ・超越	松浦雄介	二五〇〇円
日常という審級	李 晟台	三六〇〇円
日本の社会参加仏教―法音寺と立正佼成会の社会活動と社会倫理	ランジャナ・ムコパディヤーヤ	四七六二円
現代タイにおける仏教運動―タンマガーイ式瞑想とタイ社会の仏教の変容	矢野秀武	五六〇〇円

〒113-0023 東京都文京区向丘1-20-6
TEL 03-3818-5521 FAX03-3818-5514 振替 00110-6-37828
Email tk203444@fsinet.or.jp URL:http://www.toshindo-pub.com/

※定価：表示価格（本体）＋税

東信堂

〈シリーズ 社会学のアクチュアリティ：批判と創造 全12巻+2〉

クリティークとしての社会学	現代を批判的に見る眼	西原和久 編	一八〇〇円
都市社会とリスク	豊かな生活をもとめて	宇都宮京子 編	二〇〇〇円
言説分析の可能性	社会学的方法の迷宮から	佐藤俊樹 編	二〇〇〇円
グローバル化とアジア社会	ポストコロニアルの地平	宇野敏 編	二〇〇〇円
公共政策の社会学	社会的現実との格闘	友枝敏雄 編	二二〇〇円
社会学のアリーナへ	21世紀社会を読み解く	厚東洋輔 編	二二〇〇円

〈地域社会学講座 全3巻〉

地域社会学の視座と方法	似田貝香門 監修	二五〇〇円
グローバリゼーション/ポスト・モダンと地域社会	古城利明 監修	二五〇〇円
地域社会の政策とガバナンス	矢澤澄子 監修	二七〇〇円

〈シリーズ世界の社会学・日本の社会学〉

タルコット・パーソンズ	最後の近代主義者	中野秀一郎	一八〇〇円
ゲオルグ・ジンメル	現代分化社会における個人と社会	居安正	一八〇〇円
ジョージ・H・ミード	社会的自我論の展開	船津衛	一八〇〇円
アラン・トゥーレーヌ	現代社会のゆくえと新しい社会運動	杉山光信	一八〇〇円
アルフレッド・シュッツ	主観的時間と社会的空間	森元孝	一八〇〇円
エミール・デュルケム	社会の道徳的再建と社会学	中島道男	一八〇〇円
レイモン・アロン	危機の時代の診断した警世家	岩城完之	一八〇〇円
フェルディナンド・テンニエス	ゲマインシャフトとゲゼルシャフト	吉田浩	一八〇〇円
カール・マンハイム	時代を診断する亡命者	澤井敦	一八〇〇円
ロバート・リンド	アメリカ文化の内省的批判者	園部雅久	一八〇〇円
費孝通	民族自省の社会学	佐々木衞	一八〇〇円
奥井復太郎	都市社会学と生活論の創始者	藤田弘夫	一八〇〇円
新明正道	綜合社会学の探究	山本鎭雄	一八〇〇円
米田庄太郎	新総合社会学の先駆者	中久郎	一八〇〇円
高田保馬	理論と政策の無媒介的統一	北島滋	一八〇〇円
戸田貞三	家族研究・実証社会学の軌跡	川合隆男	一八〇〇円

〒113-0023 東京都文京区向丘1-20-6　TEL 03-3818-5521　FAX 03-3818-5514　振替 00110-6-37828
Email tk203444@fsinet.or.jp　URL: http://www.toshindo-pub.com/

※定価：表示価格（本体）＋税

《未来を拓く人文・社会科学シリーズ》〈全14冊〉 東信堂

科学技術ガバナンス	城山英明 編	一八〇〇円
ボトムアップな人間関係 —心理・教育・福祉・環境・社会の12の現場から	サトウタツヤ 編	一六〇〇円
高齢社会を生きる—老いる人／看取るシステム	清水哲郎 編	一八〇〇円
家族のデザイン	小長谷有紀 編	一八〇〇円
水をめぐるガバナンス	蔵治光一郎 編	一八〇〇円
生活者がつくる市場社会	久米郁夫 編	一八〇〇円
グローバル・ガバナンスの最前線 —現在と過去のあいだ	遠藤乾 編	二二〇〇円
資源を見る眼—現場からの分配論	佐藤仁 編	二〇〇〇円
これからの教養教育	葛西康徳 鈴木佳秀 編	二〇〇〇円
「対テロ戦争」の時代の平和構築	黒木英充 編	続刊
紛争現場からの平和構築 —国際刑事司法の役割と課題て	城山英明 石田勇治 遠藤乾 編	二八〇〇円
公共政策の分析視角	大木啓介 編	三四〇〇円
共生社会とマイノリティの支援	寺田貴美代	三六〇〇円
医療倫理と合意形成 —治療・ケアの現場での意思決定	吉武久美子	三二〇〇円
改革進むオーストラリアの高齢者ケア	木下康仁	二四〇〇円
認知症家族介護を生きる —新しい認知症ケア時代の臨床社会学	井口高志	四二〇〇円
保健・医療・福祉の研究・教育・実践	山園由美 林喜男 米田一茂 編	二八〇〇円
地球時代を生きる感性 —EU知識人による日本への示唆	A・チェザーナ 訳者代表者 沼田裕之	二四〇〇円

〒113-0023 東京都文京区向丘1-20-6　TEL 03-3818-5521　FAX 03-3818-5514　振替 00110-6-37828
Email tk203444@fsinet.or.jp　URL:http://www.toshindo-pub.com/

※定価：表示価格（本体）＋税

東信堂

ミッション・スクールと戦争——立教学院のディレンマ	前田一男編	五八〇〇円
教育の平等と正義	大桃敏行・中村雅子・後藤武俊・K・ハウ訳	三二〇〇円
大学教育の改革と教育学	小笠原道雄・坂越正樹・K・ノイマン訳著	二六〇〇円
ドイツ教育思想の源流	平野智美・佐藤直之・R・ラサーン・上野正道訳著	二八〇〇円
教育哲学入門 フェルディナン・ビュイッソンの教育思想——第三共和政初期教育改革史研究の一環として	尾上雅信	三八〇〇円
経験の意味世界をひらく——教育にとって経験とは何か	市村・早川・松浦・広石編	三八〇〇円
洞察＝想像力——知の解放とポストモダンの教育	市村尚久・D・スローン著・早川操監訳	三八〇〇円
文化変容のなかの子ども——経験・他者・関係性	高橋勝	二三〇〇円
教育の共生体へ——ボディ・エデュケーショナルの思想圏	田中智志編	三五〇〇円
人格形成概念の誕生——近代アメリカの教育概念史	田中智志	三六〇〇円
進路形成に対する「在り方生き方指導」の功罪——高校進路指導の社会学	望月由起	三六〇〇円
「学校協議会」の教育効果——「開かれた学校づくり」のエスノグラフィー	平田淳	五六〇〇円
学校発カリキュラム 日本版「エッセンシャル・クエスション」の構築	小田勝己編	二五〇〇円
階級・ジェンダー・再生産——現代資本主義社会の存続メカニズム	橋本健二	三二〇〇円
再生産論を読む——バーンスティン、ブルデュー、ボールズ＝ギンティス、ウィリスの再生産論	小内透	三二〇〇円
教育と不平等の社会理論——再生産論をこえて	小内透	三二〇〇円
オフィシャル・ノレッジ批判	岡野治子・乙訓稔監訳・W・アップル著	三八〇〇円
教育と人権	野崎・井口・M・小暮・池田監訳著	二一〇〇円
新版 昭和教育史——天皇制と教育の史的展開——保守復権の時代における民主主義教育	久保義三	一八〇〇円
地上の迷宮と心の楽園【コメニウスセレクション】	J・コメニウス著・藤田輝夫訳	三六〇〇円

〒113-0023　東京都文京区向丘1-20-6　TEL 03-3818-5521　FAX 03-3818-5514　振替 00110-6-37828
Email tk203444@fsinet.or.jp　URL:http://www.toshindo-pub.com/
※定価：表示価格（本体）＋税

東信堂

責任という原理―科学技術文明のための倫理学の試み	H・ヨナス 加藤尚武監訳	四八〇〇円
主観性の復権―心身問題から『責任という原理』へ	H・ヨナス 宇佐美・滝口訳	二〇〇〇円
テクノシステム時代の人間の責任と良心	H・ヨナス 山本・盛永訳	三五〇〇円
空間と身体―新しい哲学への出発	加藤尚武・レン・クラク訳	三五〇〇円
環境と国土の価値構造	桑子敏雄	二五〇〇円
森と建築の空間史―南方熊楠と近代日本	桑子敏雄編	三五〇〇円
感性哲学1〜7	千田智子	四三八一―二一六〇〇円
	日本感性工学会感性哲学部会編	
メルロ=ポンティとレヴィナス―他者への覚醒	屋良朝彦	二八〇〇円
堕天使の倫理―スピノザとサド	佐藤拓司	二八〇〇円
〈現われ〉とその秩序―メーヌ・ド・ビラン研究	村松正隆	三八〇〇円
省みることの哲学―ジャン・ナベール研究	越門勝彦	三二〇〇円
精神科医島崎敏樹―人間の学の誕生	井原裕	二六〇〇円
バイオエシックス入門 (第三版)	今井道夫・香川知晶編	二三八一円
バイオエシックスの展望	松岡悦子・坂井昭宏編著	三二〇〇円
動物実験の生命倫理―個体倫理から分子倫理へ	大上泰弘	四〇〇〇円
生命の神聖性説批判	H・クーゼ 飯田亘之代表訳者	四六〇〇円
カンデライオ (ジョルダーノ・ブルーノ著作集1巻)	加藤守通訳	三二〇〇円
原因・原理・一者について (ジョルダーノ・ブルーノ著作集3巻)	加藤守通訳	三六〇〇円
英雄的狂気 (ジョルダーノ・ブルーノ著作集7巻)	加藤守通訳	三六〇〇円
ロバのカバラ―ジョルダーノ・ブルーノにおける文学と哲学	N・オルディネ 加藤守通訳	三六〇〇円
食を料理する―哲学的考察	松永澄夫	二〇〇〇円
言葉の力 (音の経験・言葉の力第Ⅰ部)	松永澄夫	二五〇〇円
音の経験 (音の経験・言葉の力第Ⅱ部)	松永澄夫	二八〇〇円
環境の経験―言葉はどのようにして可能となるのか	松永澄夫編	二〇〇〇円
環境安全という価値は…	松永澄夫編	二三〇〇円
環境 設計の思想	松永澄夫編	二三〇〇円
環境 文化と政策	松永澄夫編	二三〇〇円

〒113-0023　東京都文京区向丘1-20-6
TEL 03-3818-5521　FAX03-3818-5514　振替 00110-6-37828
Email tk203444@fsinet.or.jp　URL:http://www.toshindo-pub.com/

※定価：表示価格（本体）＋税